スコアメーカー10 公式活用ガイド

スキャナも活用して多様な楽譜を簡単に

スタイルノート楽譜制作部 編

[監修] 株式会社 河合楽器製作所

for Windows

Score Maker Official Guidebook

Stylenote

Contents

はじめに 7

section 1
スキャナで楽譜を読み込もう

1 準備 10
　スキャナを接続する・10　　［認識モード］画面を開く・10　　スキャナを選択する・14
　楽譜の準備・15

2 楽譜をスキャンする 19
　楽譜をセットする・19　　スキャナソフトを起動する・19　　楽譜をスキャンする・21
　画像を回転する・24

3 画像を認識する 25
　認識する・25　　［事前認識結果の修正］画面・27　　楽譜を演奏する・29
　［認識対象の確認］画面・30

4 楽譜ファイルを保存する 31
　名前を付けて保存する・31　　上書き保存する・32

section 2
スキャン入力で困ったら

1 スキャナソフトが起動しない場合 34
　読み込める画像の種類・34　　画像を用意する・34　　既存の画像ファイルを開く・35

2 画像ファイルの管理 37
　プロジェクトとして保存する・37　　プロジェクトを開く・プロジェクトを閉じる・38

3 PDFファイルを認識する 39
　PDFファイルを開く・39

4 スキャンした画像を修正する 42
　解像度を確認する・42　　画像のゴミを削除する・43　　必要な部分を切り抜く・44
　画像の順序を変更する・45　　画像をスキャンしなおす・45　　画像を削除する・46

5 段落の設定を確認する 47
　check①「段落の切れ目を確認する」・48　　check②「譜表の種類を確認する」・49
　check③「パートの構成を確認する」・50　　check④「パートの割り当てを確認する」・53

6 認識オプションを変更する 54
　認識オプション・54

section 3
楽譜を編集する① ▶音符・休符編

1 楽譜編集のためのヒント ··· 56
エラーをすばやく見つける・56　　元画像を表示する・59
マスク記号を表示、確認する・60

2 パレットの使い方 ··· 61
「パレット」って？・61　　パレットをピンで留める・63　　[記号] パレットの秘密・64
[お気に入り] パレットの使い方・65

3 音符（休符）を修正する ·· 67
余分な音符（休符）を削除する・67　　音符（休符）を挿入する・69
音符の高さ（休符の垂直位置）を修正する・71　　音符（休符）の長さを修正する・72
音符の棒の向きを修正する・73　　臨時記号を修正する・74
装飾音符を挿入（入力）する・76　　連符にする・77　　音符をつなぐ・切り離す・78

section 4
楽譜を編集する② ▶音楽記号編

1 音部記号や調号、拍子記号を変更する ··· 82
[オプション] 画面の確認・82　　音部記号を変更する・83　　調号を変更する・84
拍子記号を変更する・86　　混合拍子を設定する・88

2 [記号] パレットから入力する音楽記号 ··· 89
記号の入力手順・90　　タイ・93　　スラー・94
クレッシェンドとデクレッシェンド・97　　アーティキュレーション・97
ブレス記号・98　　ペダル記号・98　　アルペジオ記号・100　　装飾記号・101
トレモロ記号・102　　メトロノーム記号・104　　反復小節線・106　　反復記号・107
繰り返し括弧・108　　運指番号・109　　省略記号・110

3 [発想標語] パレットから入力する ·· 111
[発想標語] パレットを開く・111　　目的の発想標語を効率よく探す・111
強弱記号・113　　*tr*（トリル）・114　　グリッサンド記号・114　　*8va* 記号・115
速度変化、強弱変化の記号・115　　速度標語を入力する・117
記号を表示するパートの設定・118

section 5
楽譜を編集する③ ▶テキスト編

1 [テキストパレット] と [注釈パレット] ·· 122
[テキストパレット]・122　　[注釈パレット]・122

2 歌詞 ··· 123
歌詞を入力する（日本語の場合）・123　　歌詞を入力する（欧文の場合）・126
[歌詞入力パネル] を利用する・127　　2番以降の歌詞を入力する・128
歌詞を修正する・129　　歌詞をコピーする・130　　ハイフン・音引き線を削除する・132
音引き線の長さを調整する・133　　歌詞の垂直位置を修正する・135
歌詞の水平位置を調節する・136　　歌詞のフォントを変更する・137
歌詞を結ぶ弧線を入力する・139　　楽譜の下に歌詞テキストを入力する・139

3　コードネーム ... 140
コードネームを入力する・140　　オンコードを入力する・141
［コードネーム入力パネル］を利用する・142　　コードネームを修正する・143
コードネームの入力位置を修正する・145　　ダイアグラムを表示する・146
ダイアグラムをカスタマイズする・147

4　リハーサルマーク ... 148
リハーサルマークを入力する・148　　リハーサルマークの位置・150

5　タイトルなどの文字を入力する ... 152
タイトルを入力する・152　　作曲者名などをあとから入力する・153
文字を整列する・154　　文字のフォントやサイズを変更する・156
作品情報を修正する・156

6　楽譜に注釈を書き込む ... 157
文字だけの注釈を入力する・157　　［注釈パレット］を使った書き込み・158

section 6
楽譜データの活用術

1　楽譜を移調して活用する ... 160
楽譜全体を移調する・160　　移調楽器の設定を変更する・162

2　タブ譜に変換して活用する ... 165
タブ譜パートを追加する・165　　タブ譜パートにコピーする・167
タブ譜を修正する・168　　タブ譜を入力する・169
数字（フレット番号）を左右にずらす・171

3　数字譜に変換して活用する ... 172
数字譜に変換する・172　　数字譜の編集①　数字の削除・175
数字譜の編集②　数字（高さ）の修正・176　　数字譜の編集③　数字と休符の置換・177
数字譜の編集④　数字の長さの修正・179　　数字譜の編集⑤　数字の挿入・180

4　音データに変換して活用する ... 182
MIDIファイルに変換する・182　　オーディオファイルに変換する・184

5　パート譜として活用する ... 186
パート譜を作成する・186　　パート譜を声部ごとに書き出す・189

6　他の楽譜作成ソフトとの連携 ... 190
MusicXMLファイルを介する・190　　MusicXMLと声部について・192

7　PDFファイルとして活用する ... 194
PDFファイルに変換する・194

8　画像ファイルとして活用する ... 196
画像形式でコピーする・196

9　印刷して活用する ... 198
印刷の手順・198　　見開きページを1つの紙に印刷する・200

section 7
楽譜を思いどおりに演奏する

1 演奏する基本手順 — 202
[演奏パネル]の操作・202　ツールバーで操作する・203

2 音色いろいろ — 204
使用する音源の選択・204　パートの音色を変更する・205
パートの一部分で音色を変更する・207　音色を編集する・209

3 テンポいろいろ — 210
速度標語によるテンポ・210　メトロノーム記号によるテンポ・211
[楽譜の設定]画面によるテンポ・211　テンポを一時的に変更する・212
テンポを変化させる・213

4 音量のいろいろ — 215
強弱記号による音量調整・215　*cresc.*、*decresc.* の音量変化・216
パートごとの音量を調整する・216

5 繰り返しの演奏 — 217
演奏する順序を編集する・217　音符や記号の演奏回数を指定する・220

6 自動伴奏を付けて演奏する — 222
自動伴奏する・222　自動伴奏にバリエーションを加える・223

7 いろいろな演奏テクニック — 224
演奏するキー・224　指定位置から演奏する・224
小節範囲を指定して演奏する・225　演奏するパートを指定する・225
1音だけ演奏する・226　強弱記号を無視して演奏する・226　スウィングさせる・226

section 8
楽譜をレイアウトする

1 レイアウトの前に — 228
ページ全体を表示する・228　定規を表示する・229

2 [楽譜の設定]画面でレイアウトする — 230
[楽譜の設定]画面を開く・230　用紙サイズを決める・231
余白サイズを決める・232　五線の高さを決める・232
1ページ当たりの段落数を決める・233

3 小節割りを決める — 234
次の段落に送る・234　前の段落に送る・235　全段落の小節数を同じにする・236
段落をロックする・237　楽譜を終わりにする・238

4 五線間の距離を決める — 240
楽譜全体で変更する・240　楽譜の一部で変更する・242

5 五線を結ぶ括弧 — 244
括弧を追加・削除する・244　括弧を二重に付ける・245
小節線の連結を変更する・246

6 小節番号の表示 — 247
小節番号を表示しない・247　小節番号の表示間隔を指定する・247

　　　　　小節番号の開始番号を指定する・248　　小節番号の位置・249
　7　ページ番号 250
　　　　　ページ番号を挿入する・250　　ページ番号を左右対称に配置する・252
　8　ちょっと特殊なレイアウト 253
　　　　　アウフタクト小節の［プロパティ］・253　　独立したコーダ・パートを作成する・254
　　　　　先頭五線のインデント・256　　段末の予告・257　　1段譜の五線の左端を閉じる・260

section 9
Question & Answer

- **Q1** 起動すると「自動保存のファイルがある」と表示されたのですが？ 262
- **Q2** 直前の操作を取り消したい 262
- **Q3** 五線紙の風合いや楽譜の背景は変えられますか？ 263
- **Q4** パレットの配置をもとに戻したい 263
- **Q5** 空の五線を開きたい 264
- **Q6** 音符を手動で入力したい 266
- **Q7** MIDIキーボードを使って音符を入力したい 269
- **Q8** ドラム譜を作りたい 273
- **Q9** パートを並び替えたい 274
- **Q10** 音符などに使う記譜フォントを変更したい 275
- **Q11** パート名を編集したい 276
- **Q12** パート名を縦に表示したい 277
- **Q13** 大譜表で16分音符に合わせて演奏する3連符がうまく入力できない 278
- **Q14** ピアノ譜の右手パートと左手パートそれぞれに強弱記号を付けたい 280
- **Q15** 転調後の調号の直前に打ち消しのナチュラルを表示したい 281

索引 282

はじめに

　手軽で使いやすく、世界トップクラスの高性能なスキャン機能を持つスコアメーカー。長年にわたり多くの利用者から愛用され、毎年着実に機能を向上させています。
　今回のスコアメーカー10では、定評のあるスキャン認識機能がさらに向上するとともに、認識精度をアップさせる機能が追加されました。また、歌詞の入力が手軽におこなえるようになったり、ペダル記号や強弱記号などさまざまな記号が簡単に揃えて入力できるようになり、さらに使いやすくなりました。

　本書は、楽譜を作るのに必須の機能のほか、他の楽譜作成ソフトとは一線を画すスキャンをして楽譜をデータにする機能を中心に、スコアメーカー10の持つ多くの機能を解説しました。特に、印刷された楽譜をスキャナーで読み取って、それを楽譜データにより正確に解析する方法は順を追って詳しく解説しました。さらに、読み取ったデータを修正したいときや、自分流に変更したいときにどうすればよいかについても説明しています。
　イチから楽譜を入力したい方や、すでにお持ちのスコアメーカーのデータを編集したいという方も、そうした楽譜修正方法を解説した部分を見れば、楽譜の編集や入力の方法がわかるようになっています。さまざまな方法を試して、自分に最適な楽譜の仕上げ方を見つけてください。

　もちろん、基礎的な部分ばかりでなく、新機能やベテランの方のふとした疑問にも応えられる内容になっています。実際に使ってみるとどうしても出てくる疑問点を中心に、手順を追ってわかりやすく説明しました。
　スコアメーカーはその使いやすさが特徴ですが、使い方が変化した部分や、新機能、追加機能の部分で戸惑うケースがあるかもしれません。そんなときは本書を参考に、操作方法をじっくり確認してみてください。

　スコアメーカーはこれまで、日本純正の楽譜作成ソフトとして、多くの人から高い信頼を得てきました。スコアメーカー10シリーズには、スコアメーカー10Pro、スコアメーカー10Std、スコアメーカー10Lite、そして、スコアパレット10と4つのグレードがあります。スコアパレット10について本書では直接触れていませんが、楽譜作成に関する方法は同じですので、スコアメーカー10Liteの項を参考にしていただければ利用可能です。上位3グレードについては、各項目ごとに、それぞれで使うことのできるスコアメーカー10のグレードをマークで表示してあります。

　この本を役立てていただき、あなたの楽譜を作る腕が上がり、気軽に簡単により美しい楽譜を作ることができるようになればと願っています。

※ 本書は、ベータ版をもとに作成しています。そのため、メニューや画面仕様など、製品版と異なる場合があります。
　ご了承ください。

スコアメーカーは、株式会社河合楽器製作所の登録商標です。
Microsoft、Windows、Windows 10、Windows 8、Windows 7、Windows Vista、Windows XP、Outlook Express、Windows Media Player および Windows ロゴは、Microsoft Corporation の米国および、その他の国における商標または登録商標です。
その他の商標や登録商標は、それぞれの会社に属します。

section 1

スキャナで楽譜を読み込もう

1 準備

何ごとも、はじめの準備が肝心です。

スキャナを接続する　Pro Std Lite

まず、スキャナとパソコンを正しく接続し、必要なドライバなどをインストールしておきます。

接続できたら、正しく動作するかどうか、スキャナに付属のソフトなどで事前に確認しておくとよいでしょう。

> **ヒント** 手順の詳細については、スキャナに付属の説明書などを参照してください。

［認識モード］画面を開く　Pro Std Lite

スキャナが正しく接続できたら、次は、スコアメーカー側での準備です。スコアメーカーを起動しましょう。

■［起動パネル］

スコアメーカーを起動すると、まず表示されるのがこの［起動パネル］です。

［起動パネル］

［起動パネル］は、カテゴリー別に4つのタグで分けられています。

［新着情報］タグには、起動時の最新情報が表示されます。アップデートプログラムが出ていないかどうかなどをここで確認することができます。［情報］タグでは、お使いのスコアメーカーのバージョンやシリアル番号などを確認することができます。

［調べる］タグには、スコアメーカーの新機能や基本操作を解説した動画が用意されています。

メインとなる楽譜作りに関するメニューは、［始める］タグにまとめられています。

■［認識モード］画面を開く

［始める］タグを選択すると［新規作成］、［開く］など、楽譜作りに関するメニューが表示されます。ここで、これからおこなう操作を選択するわけです。

これから楽譜をスキャンして取り込むので、［新規作成］から［認識モード］をクリックして選択します。

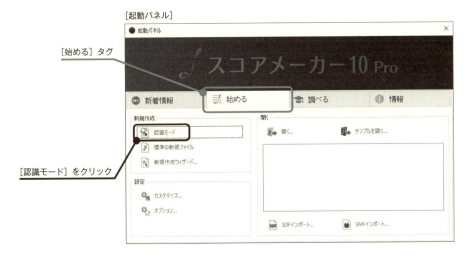

すると、［認識モード］という画面が表示されます。

スコアメーカーでは、スキャナで読み込んだ画像を楽譜に変換する操作を「認識する」と呼んでいます。つまりこの画面は、スキャナを使って楽譜を読み込むための画面、というわけです。左上には［スキャン］、［認識実行］などのボタンが並んでいますね。

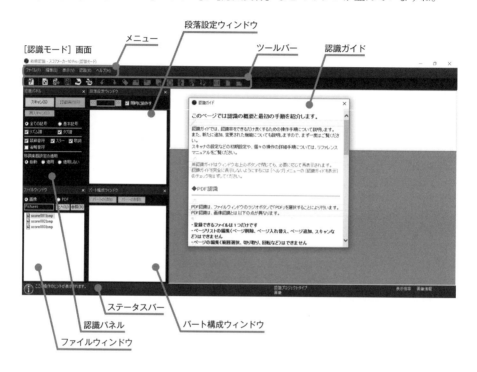

> ヒント！　画面左上（Windows8の場合はタイトルバー中央）に表示中のモード名が示されます。

> ヒント！　Proの場合、設定によっては画面の見た目が異なる場合があります（📖 section 9「Q3　五線紙の風合いや楽譜の背景は変えられますか？」（263ページ）参照）。

■［認識ガイド］画面について

［認識モード］に切り替えると開く［認識ガイド］画面には、楽譜をスキャナで読み込む際の手順やヒントが書かれているので、一度、目をとおしておくことをオススメします。読み終わったら画面右上の「×（閉じる）」をクリックして閉じておきましょう。

ただし、楽譜をスキャンしたとき、また読み込んだ画像を楽譜に読み替えたときなど、それぞれのタイミングで自動的に［認識ガイド］の該当ページが開きます。必要なときに必要なページがすぐに見られるように、という心配りからです。

section 1　スキャナで楽譜を読み込もう

　ただこれから先、もう操作に慣れたので［認識ガイド］は必要ないと感じることがあるかもしれません。その場合は［ヘルプ］メニューから［認識ガイドを表示］を選択してチェックを外すと、表示されなくなります。もちろん反対にチェックを付けなおせば、いつでも必要に応じて表示することができます。

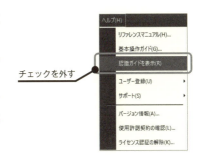
チェックを外す

■［作成モード］画面
　ところで、スコアメーカーには実はもう１つ、操作画面があります。スキャナを使わずに楽譜をイチから作成するための［作成モード］画面です。楽譜作成に必要なメニューやツールなどが用意されています。楽譜の編集や演奏、印刷などの操作も、この画面でおこないます。
　スキャナを使って読み込んだ場合も、読み込んだ楽譜を操作（演奏や印刷、編集など）する場合は、この画面でおこないます。

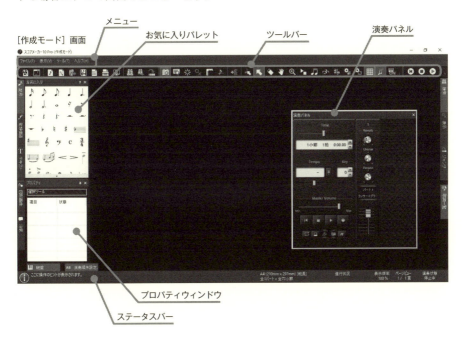

ヒント！　画面左上（Windows8 の場合はタイトルバー中央）に表示中のモード名が示されます。

ヒント！　Pro の場合、設定によっては画面の見た目が異なる場合があります（ section 9「Q３　五線紙の風合いや楽譜の背景は変えられますか？」（263 ページ）参照）。

これからおこなうスキャナによる入力は、前述の［認識モード］画面でおこないます。
もし［作成モード］画面になっている場合は、次の手順で［認識モード］に切り替えて
おきましょう。

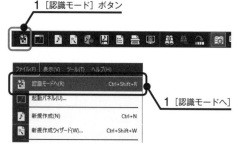

（手順）

1 ［ファイル］メニューから［認識モードへ］を選択します。
または、ツールバーの一番左にある［認識モード］ボタンをクリックします。

2 操作画面が［認識モード］に切り替わります。

ヒント！ ［認識モード］からも同様に、［ファイル］メニューから［作成モードへ］を選択、または
ツールバー左端の［作成モード］ボタンをクリックすると、［作成モード］に切り替える
ことができます。

スキャナを選択する Pro Std Lite

［認識モード］に切り替えたら、スコアメーカーで接続したスキャナを選択します。この作業は同じスキャナを使っている限り、通常、1回だけおこなえばよい作業です。

（手順）

1 ［ファイル］メニューから［スキャナ選択］を選択します。
2 ［ソースの選択］画面が開きます。
3 接続したスキャナをクリックして選択します。

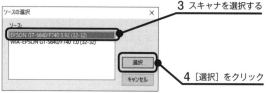

注意 お使いのスキャナが表示されない場合は、もう一度スキャナの接続やドライバのインス
トールが正しくおこなわれているかどうかを確認してください。

4 ［選択］をクリックして画面を閉じます。

section 1　スキャナで楽譜を読み込もう

楽譜の準備　Pro Std Lite

　スキャナで読み込む楽譜を用意します。このとき、できるだけ正確に楽譜を読み込むためのポイントは、

「キレイな楽譜を用意する」

ことです。書き込みや汚れ、印刷のかすれなどがあると、うまく認識できない場合があります。できるだけキレイな楽譜を用意するようにしましょう。

　また、五線サイズが極端に小さいもの、音符やテキストが極端に込み入っているものは、誤認識が多くなる可能性があります。

　ところでスコアメーカーでは、「手書き風の楽譜」も読み込むことができます。ただ、ここでいう「手書き風の楽譜」とは、ジャズやポップスなどで見られる次のような印刷楽譜のことです。実際に手で書いた楽譜とは違うので注意してください。

ヒント　音部記号や休符、テキストなどに特徴があります。

　ここでは次ページにサンプル楽譜を用意したので、これを使ってスキャナでの読み込みを体験してみましょう。
　サンプル楽譜は、「音楽界の変わり者」と呼ばれたフランスの作曲家、エリック・サティの『ジムノペディ』第1番を、同じフランスの作曲家、ドビュッシーがオーケストラ用にアレンジしたものです。スコアメーカーでは、音符や休符だけでなく、この楽譜で使われているさまざまな音楽記号もいっしょに読み取ることができます。

注意　手持ちの楽譜を使用する場合、著作権のある楽譜では、著作権を侵害しないように気をつけましょう。

注意　Liteでは読み込める記号に制限があります。スラー、強弱記号、アーティキュレーションなどの他、コードネーム、歌詞なども読み込むことができません。

section 1　スキャナで楽譜を読み込もう

2　楽譜をスキャンする

まずは楽譜をスキャンするところからはじめます。

楽譜をセットする　Pro Std Lite

楽譜の1ページ目をスキャナにセットします。

　このとき、楽譜が斜めにならないよう、スキャナの取り込み面の角に合わせるなどして、まっすぐにセットします。また、楽譜の印刷部分がガラス面にピッタリとくっつくよう、上から手で軽く押さえるなど、工夫しましょう。

（注意）楽譜は1ページずつ、ページ単位でスキャンします。

（ヒント）上下逆さまにしかセットできない場合も、五線が水平になるようにセットします。スキャンした画像は、あとで回転して修正することができます。

スキャナソフトを起動する　Pro Std Lite

楽譜がセットできたら、スキャナソフトを起動します。

（手順）

1　［認識パネル］の［スキャン］をクリックします。
　または、ツールバーの［スキャン］ボタンをクリックします。

（ヒント）［認識パネル］は、［表示］メニューから［認識パネル］を選択してチェックを付けると表示されます。

1　［スキャン］ボタン
1　［スキャン］をクリック

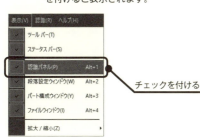
チェックを付ける

2 ［プロジェクト名の入力］画面が開きます。

3 □に曲のタイトルを入力します。サンプル楽譜の場合は「ジムノペディ」と入力しましょう。

> **ヒント！** ここに入力した文字が、作成した楽譜の先頭にタイトルとして表示されます。

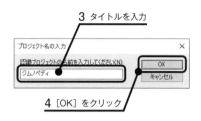

4 ［OK］をクリックして画面を閉じます。

5 接続しているスキャナソフトが起動します。

> **注意** 右図のような警告画面が表示された場合は、もう一度スキャナの接続などを確認してください。

■スキャナソフトが起動しない

きちんと接続したのに、スキャナが正しく動作しない……という場合は、以下の手順でスキャナドライバのタイプを変更してみてください。

（手 順）

1 ［ファイル］メニューから［スキャナドライバタイプの選択］を選択します。

2 ［スキャナドライバタイプの選択］画面が開きます。

3 初期設定では［TWAIN（トゥウェイン）］が選択されているので、［WIA（Windows Image Acquisition）］をクリックして選択します。

4 ［OK］をクリックして画面を閉じます。

以上の手順でスキャナドライバのタイプを変更したら、再度スキャナソフトを起動してみましょう。うまく動作したでしょうか。

section 1　スキャナで楽譜を読み込もう

　もし、「それでもきちんと動作しない！」という場合も、ガッカリする必要はありません。スコアメーカーから直接スキャナを操作することはできませんが、スキャナに付属するソフトなどを使って楽譜をスキャンして画像ファイルとして保存することができれば、読み込むことができます。

> **ヒント！**　手順の詳細については、📖 section 2「1　スキャナソフトが起動しない場合」(34 ページ) を参照してください。

楽譜をスキャンする　Pro Std Lite

　スキャナソフトの操作方法や設定の手順は、メーカーや機種によって異なります。ここでは EPSON 製スキャナの場合を例に、手順のポイントを説明しています。ご利用のソフトの画面に準じて、応用してください。

> **ヒント！**　詳細は、スキャナの取扱説明書などを参照してください。

(手 順)

1 画像の種類を選択

画像の種類を「白黒」または「モノクロ」、「グレースケール」などに設定します。

> **ヒント！**　スコアメーカでは、カラーの画像を読み込むこともできますが、スキャンに時間がかかる場合があります。

2 解像度を設定

解像度を設定します。楽譜に適した解像度は、次の計算式で求めます。

$$最適な解像度 = (7 \times 350) \div 五線の高さ (mm)$$

> **ヒント！**　解像度とは、画像のきめ細かさを表す数値で、「dpi」などの単位で示されます。
>
> **ヒント！**　五線の高さとは、五線の一番下の線から一番上の線までの距離をいいます。
>
> **ヒント！**　1 つの楽譜にいろいろなサイズの五線が混在している場合は、一番小さい五線を基準に解像度を設定します。

サンプル楽譜の場合、五線の高さは 3mm なので、最適な解像度は上記の公式から約 810dpi となります。

> **ヒント！**　この計算式で求められる解像度は、あくまでも目安です。求めた数値ピッタリに設定できない場合は、近い値で、高めに設定すれば OK です。

3 **画像の傾きを確認**

プレビューを表示し、斜めに傾いていないかどうかを確認します。
もし、極端に傾いてしまったり楽譜の端が切れてしまっている場合は、もう一度楽譜をセットしなおしてください。

> **ヒント！** ページの都合などで、どうしても上下逆さまにしかスキャンできない場合は、あとで修正することができます。

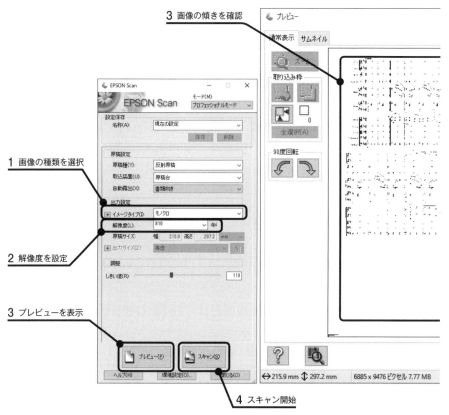

4 以上の3点を設定、確認したら、「スキャン」などのボタンをクリックすると、スキャンがはじまります。

5 読み込みが終わると、[認識モード]画面にスキャンした画像が表示されます。

> **ヒント！** パート数の多い楽譜などでは、画像が表示されるまで、時間がかかる場合があります。

section 1 スキャナで楽譜を読み込もう

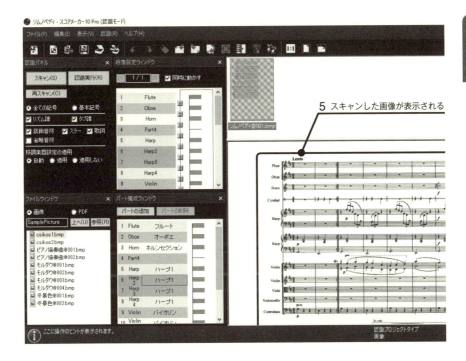

5 スキャンした画像が表示される

サンプル楽譜のように複数のページを持つ楽譜の場合は、続けて必要なページをすべてスキャンします。

ヒント! 楽譜は、1ページ目から順にスキャンします。

スキャンした画像は自動的に画面上部の［画像リスト］に登録され、小さなプレビューが表示されます。プレビューの下には、画像ファイル名が表示されています。ファイル名は、先ほど入力した「曲のタイトル＋ページ番号」となります。

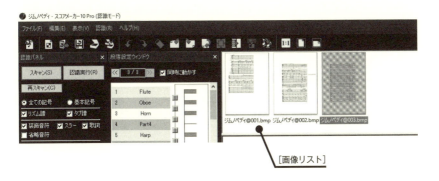

［画像リスト］

画像を回転する　Pro Std Lite

場合によっては、上下逆さまにしかスキャンできないこともあるでしょう。その場合は、次の手順で画像を回転して、正しい向きに修正しておきます。

(手 順)

1 [画像リスト]で回転したい画像のプレビューをクリックして選択します。

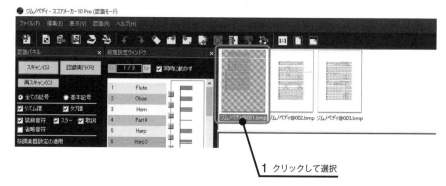

1 クリックして選択

2 [編集]メニューの[回転]からメニューを選択します。
上下逆さまにスキャンしてしまった場合は、ここで[180度]を選択します。
または、ツールバーの[180度回転]をクリックします。

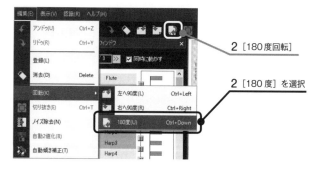

2 [180度回転]

2 [180度]を選択

3 選択した画像が、指定した角度、方向に回転して修正されます。

> ヒント！　パート数の多い楽譜などで、スキャンに時間のかかった画像では、修正した画像が表示されるまで、時間がかかる場合があります。

section 1　スキャナで楽譜を読み込もう

3 画像を認識する

あとは、スキャンした画像データを楽譜データに読み替えるだけです。この操作をスコアメーカーでは「認識」といいます。

認識する　Pro Std Lite

……といっても、難しい操作ではありません。ポイントを押さえて操作していけば、スムーズに画像を楽譜として認識させることができます。

手順

1 [認識パネル]の[認識実行]をクリックします。

1 [認識実行]

2 プロジェクトとして保存するかどうかをたずねる画面が表示されるので、[はい]をクリックします。

2 [はい]をクリック

3 ［名前を付けて保存］画面が開きます。

4 ［保存する場所］で保存先を選択します。

> **ヒント!** 初期設定では、［(マイ)ドキュメント］に作成された［スコアメーカー 10］の［認識プロジェクト］フォルダが選択されています。

5 ［ファイル名］欄には、スキャン開始時に入力した曲のタイトルが表示されています。これがプロジェクト名となります。

> **ヒント!** 「.srp」は、スコアメーカーのプロジェクトを表す拡張子です。

6 ［保存］をクリックします。

> **ヒント!** プロジェクトとして保存することで、複数のページを持つ楽譜の場合も、1曲分の画像を1つのファイルとして管理・保存することができるようになります。

> **ヒント!** プロジェクトについては、📖 section 2「プロジェクトとして保存する」(37 ページ) も参照してください。

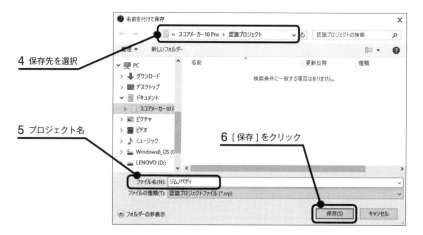

7 ［認識対象の確認］画面が開きます。ここで、スキャンした楽譜が一般的な印刷楽譜か手書き風の楽譜かどうかを選択します。
サンプル楽譜は一般的な印刷楽譜なので、［印刷楽譜としてハイブリッド認識］をクリックします。

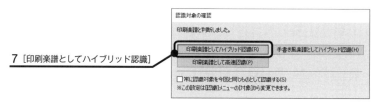

[事前認識結果の修正]画面 Pro Std Lite

スキャンした画像を認識しようとすると、事前に認識結果を修正するかどうかをたずねる画面が開きます。

> **ヒント!** [認識対象の確認]画面で[印刷楽譜として高速認識]を選択した場合は、この画面を開かずに、すぐに認識がはじまります。

スコアメーカーでは、実際の認識をはじめる前に、楽譜全体のリズムや構成を決める拍子記号や小節線などの認識結果をあらかじめ修正することができます。そうすることで、音符や小節線の抜けといった、楽譜の基本的な部分の誤認識を避けることができ、見違えるほど認識結果がよくなります。

■[事前認識結果の修正]画面を開く

前項手順7からの続きです。まずは[事前認識結果の修正]画面を開きます。

手順

1 事前認識をおこなうかどうかをたずねる画面が表示されたら、[はい]をクリックします。

1 [はい]をクリック

> **ヒント!** [いいえ]をクリックすると、すぐに認識がはじまります。

2 [認識中]という画面が表示されるので、しばらく待ちます。

3 しばらくすると、[事前認識結果の修正]という画面が開きます(次ページ参照)。

■[事前認識結果の修正]画面で修正する

　[事前認識結果の修正]画面では、スキャンした画像が薄いグレーで、それをもとに認識された音部記号、調号、拍子記号、小節線が赤で表示されます。それぞれの表示濃度は、右上の2つのスライダーで調整できます。右にドラッグすると濃くなり、左にドラッグすると、薄くなります。

　また、画像が小さくて見づらい場合は、[虫めがねカーソル]でクリックして画像の表示サイズを拡大することができます。また、[虫めがねカーソル]でドラッグすると表示される□で囲むと、任意の場所を拡大することもできます。

　認識ミスを見つけたら、修正しておきましょう。画面右のリストから正しい記号をクリックして選択したら、入力位置でクリックします。このとき、修正したい記号が赤から黄色に変化するポイントでクリックすると、正しい記号に置き換えることができます。

　余分な記号を削除したい場合は、[消しゴムカーソル]でクリックすればOKです。

> **ヒント!** 画面右上の[>]、[<]でページを移動できます。

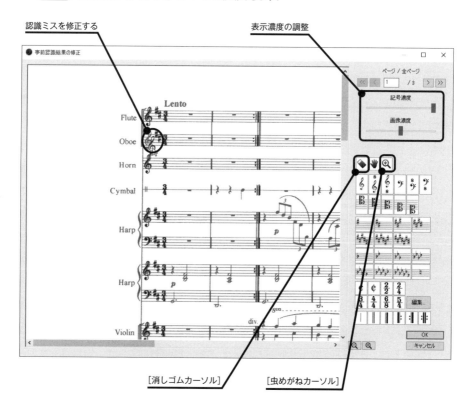

section 1　スキャナで楽譜を読み込もう

確認が終わったら、[OK]をクリックします。すると、認識がはじまります。

認識が終わると、自動的に[作成モード]に切り替わり、認識された楽譜ファイルが表示されます。

いかがでしたか。サンプル画像のようなパート数の多い楽譜の作成も、これなら楽勝ですよね。

注意　Lite では読み込める記号に制限があります。スラー、強弱記号、アーティキュレーションなどの他、コードネーム、歌詞なども読み込むことができません。

ここでは、スキャナを使った入力の基本的な操作の流れを説明しました。
「うまく認識できない……」という場合や、あるいは「もっとスキャン入力について詳しく知りたい」というときは、次の　section 2「スキャン入力で困ったら」(33 ページ〜)へお進みください。

楽譜を演奏する　Pro Std Lite

せっかくできあがった楽譜です。演奏して、どんな曲か聞いてみましょう。楽譜の演奏は[演奏パネル]でおこないます。

[演奏パネル]の[▶（演奏開始）]ボタンをクリックすると演奏がはじまります。

ヒント！　[演奏パネル]が見あたらない場合は、[表示]メニューの[パレット／パネル]から[演奏パネル]を選択すると開きます。

楽譜の最後まで行くと、自動で演奏が止まります。

ヒント！　[■（演奏停止）]ボタンをクリックすると、楽譜の途中でも演奏が止まります。

1　[演奏開始]ボタン

［認識対象の確認］画面 Pro Std Lite

　スコアメーカーでは手書き風の楽譜も認識できるということは、楽譜の準備の項でも触れましたが、この「手書き風の楽譜」というのはちょっと特殊な見た目をしています。そのため、一般的な印刷楽譜とは別に、手書き風楽譜を認識するための専用のエンジンが搭載されています。認識の手順の中で出てきた［認識対象の確認］という画面で読み込みたい楽譜の種類を選択すると、印刷楽譜、手書き風楽譜、それぞれ専用のエンジンを使って認識されるようになります。

　ただ、手書き風の楽譜というのはちょっと特殊な楽譜なので、「使うのはごく普通の印刷楽譜ばかり」、そういう場合がほとんどかもしれません。その場合、たった1つの手順ではあっても、毎回この［認識対象の確認］画面が開いてクリックというのも、なんだかメンドウ……。
　そんなときは、［認識対象の確認］画面下の［常に認識対象を今回と同じものとして認識する］をクリックしてチェックを付けてから［印刷楽譜として認識］をクリックします。すると、次回からは［認識対象の確認］画面が開かなくなり、常に印刷楽譜として認識されるようになります。

ここにチェックを付ける

　あとからやっぱり手書き風楽譜を認識させたいという場合は、［認識］メニューの［対象］から希望のタイプを選択してチェックを付ければOKです。
　また、ここで［自動判別］を選択してチェックを付けておくと、認識の際に［認識対象の確認］画面が開き、そのつど選択できるようになります。

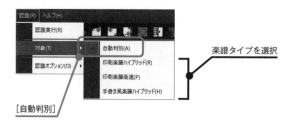

［自動判別］　　　　　　　　　楽譜タイプを選択

section 1　スキャナで楽譜を読み込もう

楽譜ファイルを保存する

できあがった楽譜ファイルを、パソコンのハードディスクに保存しておきましょう。

名前を付けて保存する　Pro Std Lite

はじめて保存する場合は、[名前を付けて保存] で保存します。

（手順）

1 [ファイル] メニューから [名前を付けて保存] を選択します。

1 [名前を付けて保存]

ヒント！　保存の際、著作権について注意を促す画面が表示されます。目をとおしたら[OK]をクリックして [著作権について] 画面を閉じます。[次回から表示しない] にチェックを付けておくと、次からは表示されなくなります。

ここにチェックを付ける

31

2 ［名前を付けて保存］画面が開きます。

3 ［保存する場所］欄右の［∨］をクリックして保存場所を選択します。

> **ヒント!** 初期設定では、［（マイ）ドキュメント］に作成された［スコアメーカー 10］の［楽譜ファイル］フォルダが選択されています。

4 ［ファイル名］欄にファイル名を入力します。

曲のタイトルなどがわかりやすいでしょう。ここでは「ジムノペディ」と入力します。

5 ［保存］をクリックします。

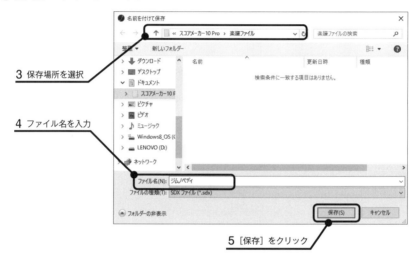

上書き保存する　Pro Std Lite

　これから先、楽譜を修正・編集した場合は、合間を見てこまめに保存するように心掛けましょう。そうすれば、停電などの思わぬトラブルの際も、被害を最小限にとどめることができます。

　一度名前を付けて保存した楽譜ファイルを再度同じ名前で保存する場合は、ツールバーの［保存］ボタンをクリックするだけで、自動的に上書き保存されます。

> **ヒント!** ［ファイル］メニューから［上書き保存］を選択しても、同様に上書き保存できます。

section 2
スキャン入力で困ったら

1 スキャナソフトが起動しない場合

きちんと手順どおりに設定しているのに、スキャナソフトが起動しない、という場合は、スキャナに付属するソフトなどを使って楽譜をスキャンして画像ファイルとして保存することができれば、以下の手順で対応することができます。

読み込める画像の種類 Pro Std Lite

ひと口に画像といっても、いろいろな種類があります。その中で、スコアメーカーが読み込めるのは、

- ビットマップ（.bmp）
- 非圧縮 TIFF（.tif）
- JEPG（.jpg）

などのフォーマットで保存された画像ファイルです。

> **ヒント!** （　）内に表示したのは拡張子といい、ファイルの種類を特定するものです。

画像を用意する Pro Std Lite

スキャナに付属のソフトなどで楽譜をスキャンするなどして、必要な画像を用意しておきます。このとき、以下の点に注意してください。

(1) 画像の種類を「白黒」、または「モノクロ」、「グレースケール」などに設定する
(2) 以下の計算式を参照して、最適な解像度に設定しておく

$$最適な解像度 = (7 \times 350) \div 五線の高さ (mm)$$

> **ヒント!** 解像度とは、画像のきめ細かさを表す数値で、「dpi」などの単位で示されます。

> **ヒント!** この計算式で求められる解像度は、あくまでも目安です。求めた数値ピッタリに設定できない場合は、近い値で、高めに設定すれば OK です。

> **ヒント!** 1つの楽譜にいろいろなサイズの五線が混在している場合は、一番小さい五線を基準に解像度を設定します。

section 2 スキャン入力で困ったら

（3）前項を参照し、保存するファイルの種類を指定しておく（できればビットマップでの保存が望ましい）

（4）ファイル名はわかりやすく、「タイトル＋ページ番号」などとしておく

ヒント！ スキャンの手順などについては、スキャナに付属の説明書などを参照してください。

既存の画像ファイルを開く　Pro Std Lite

画像ファイルが準備できたら、スコアメーカーを起動して［認識モード］に切り替えます。画像を開く操作は、［ファイルウィンドウ］でおこないます（右図）。初期設定では、サンプル画像がリストアップされています。

［ファイルウィンドウ］

ヒント！ ［ファイルウィンドウ］は、［表示］メニューの［ファイルウィンドウ］を選択してチェックを付けると開きます。

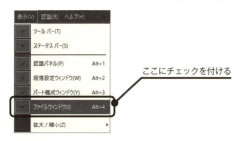

ここにチェックを付ける

（手 順）

1 ［ファイルウィンドウ］左上の［画像］をクリックして選択し、［参照］をクリックします。

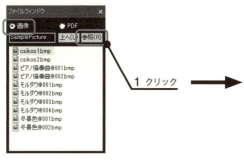

1 クリック

3 フォルダを選択

4 ［OK］をクリック

2 ［フォルダの指定］画面が開きます。

3 用意した画像を保存しているフォルダをクリックして選択します。

4 ［OK］をクリックして画面を閉じます。

5 [ファイルウィンドウ] に選択したフォルダの内容が表示されます。

> 注意 ここに表示されない画像ファイルは、スコアメーカーで開くことができません。

6 開きたい画像ファイルを右クリックし、[登録] を選択します。

> 注意 複数ページある楽譜では、1ページ目の画像から順に開きます。

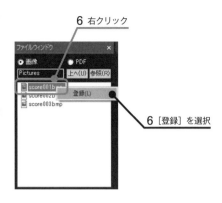

7 選択した画像ファイルが開き、[画像リスト] にファイル名とプレビューが表示されます。

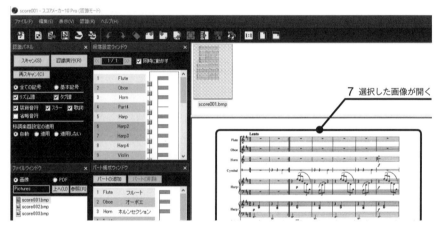

8 手順6~7を繰り返し、必要な画像をすべて開いておきます。

> ヒント 開いた画像ファイルは、1ファイル (1曲) として認識されます。

> ヒント 手順6で開きたいファイルをすべて選択したあと、右クリック→ [登録] で複数の画像ファイルを一括で開くこともできます。ただし画像の数が多い場合など、すべてのファイルを開くのに極端に時間がかかる場合があります。

　画像を開いたあとの認識手順は、スコアメーカーでイチからスキャンした場合と同じです（ section 1「3　画像を認識する」〔25 ページ〕参照）。

section 2 スキャン入力で困ったら

2 画像ファイルの管理

スコアメーカーでは、複数の画像ファイルをまとめて1つの「プロジェクト」として管理することができます。曲単位で画像ファイルを管理できるので、便利です。

プロジェクトとして保存する　Pro Std Lite

1曲分の画像ファイルをまとめて1つのプロジェクトとして保存しておくと、次回から画像ファイルを1つずつ開く手間が省けます。

> **ヒント** 認識開始時に表示される画面でプロジェクトの保存を指示すると、以下の手順3［名前を付けて保存］画面が開きます。

（手順）

1　1つのプロジェクトとして保存したい画像をすべて開いて、［画像リスト］にリストアップしておきます。

2　［ファイル］メニューから［プロジェクトに名前を付けて保存］を選択します。

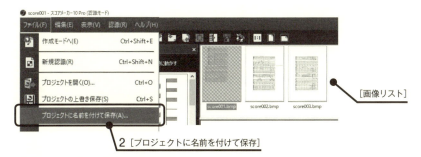

2［プロジェクトに名前を付けて保存］

3　［名前を付けて保存］画面が開きます。

4　［保存する場所］で保存先を選択します。

> **ヒント** 初期設定では、［(マイ) ドキュメント］に作成された［スコアメーカー 10］の［認識プロジェクト］フォルダが選択されています。

5　［ファイル名］欄にプロジェクト名（曲名など）を入力します。

> **ヒント** 「.srp」は、スコアメーカーのプロジェクトを表す拡張子です。

6　［保存］をクリックします。

7　これで開いていた画像ファイルが1つのプロジェクトとして保存されました。

画像の編集や追加など、プロジェクトを変更した場合は、そのつど上書き保存します。
［ファイル］メニューから［プロジェクトの上書き保存］を選択するか、またはツールバーの［プロジェクトの上書き保存］ボタンをクリックします。

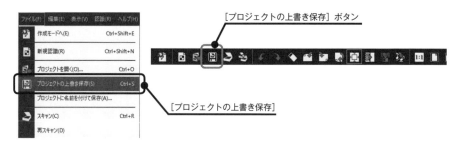

プロジェクトを開く・プロジェクトを閉じる　Pro Std Lite

プロジェクト単位で操作すると、開いたり閉じたりする基本操作も、1曲単位でまとめてできるので便利です。

■プロジェクトを開く

［ファイル］メニューから［プロジェクトを開く］を選択、または、ツールバーの［プロジェクトを開く］ボタンをクリックすると、［プロジェクトを開く］画面が開きます。

■プロジェクトを閉じる

［ファイル］メニューから［新規認識］を選択、または、ツールバーの［楽譜を新規認識］ボタンをクリックすると、開いてるプロジェクトが閉じ、新しい楽譜を認識する準備ができます。

> ヒント！　プロジェクトが編集されている場合は、保存するかどうかをたずねる画面が表示されます。保存したい場合は［はい］をクリックします。［いいえ］をクリックすると、変更内容を保存せずにプロジェクトが閉じます。［キャンセル］をクリックすると、プロジェクトを閉じる操作がキャンセルされます。

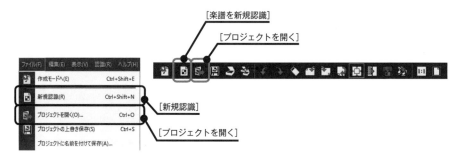

section 2 スキャン入力で困ったら

3 PDFファイルを認識する

スコアメーカーでは、PDF ファイルをそのまま開いて認識することができます。PDF ファイルの場合、1 ファイルを 1 曲として認識します。

PDF ファイルを開く Pro Std Lite

PDF ファイルは、画像ファイルと同じ [ファイルウィンドウ] から開きます。

注意 ひとロに「PDF ファイル」といっても、さまざまな種類があるため、思った結果にならない場合もあります。

注意 PDF ファイルの場合、ページの入れ替えや、追加、またページ内の一部編集(切り取りや削除など)をすることはできません。

(手順)

1 [ファイルウィンドウ] の [PDF] をクリックして選択し、すぐ下の [参照] をクリックします。
2 [フォルダの指定] 画面が開きます。
3 開きたい PDF ファイルを保存しているフォルダをクリックして選択します。

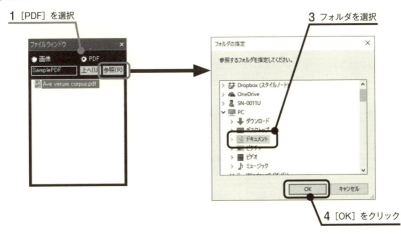

4 [OK] をクリックして画面を閉じます。
5 [ファイルウィンドウ] に選択したフォルダの内容が表示されます(次ページ図参照)。
6 開きたい PDF ファイル名を右クリックし、[登録] を選択します。

6 右クリック
6 [登録] を選択

7 [PDFのページ選択] 画面が開きます。

8 [開始ページ] と [終了ページ] で登録したいページ範囲を指定します。

プレビュー右上の [>] または [<] をクリックして登録したい最初のページを開き、[開始ページ] 上の [▼（現在のページを開始ページに）] をクリックします。
開いていたページが [開始ページ] に指定されます。

> ヒント！ プレビューで内容を確認しながら、ページ範囲を指定します。

> 注意！ [PDFのページ選択] 画面でプレビューがうまく表示されない PDF は、認識もうまくいかない場合が多いようです。

9 同様にして、[終了ページ] を指定します。

> ヒント！ タイトルページなどを除いた必要なページだけを指定します。

10 [認識方法] 欄では [テキスト認識／画像認識を自動判別] をクリックして選択します。

8 [現在のページを開始ページに]
9 [現在のページを終了ページに]
10 [テキスト認識／画像認識を自動判別]

section 2　スキャン入力で困ったら

11 [OK] をクリックすると、PDF ファイルの登録がはじまるので、しばらく待ちましょう。

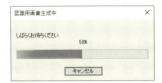 

図のような警告画面が表示された場合は、[OK] をクリックします。

> ヒント！　[OK] をクリックすると、PDF ファイルは画像として認識されます。画像として認識された場合は、ページの削除や、ページ内の切り取り・削除といった編集が可能になります。

12 PDF ファイルの指定したページが、1 ページずつ [画像リスト] に登録されます。

> ヒント！　[画像リスト] の背景は、PDF テキストとして認識された場合は水色で、画像として認識された場合はグレーで表示され、区別されます。

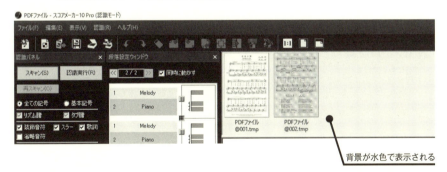

背景が水色で表示される

ファイルを開いたあとの認識手順は、スコアメーカーでイチからスキャンした場合と同じです（📖 section 1「3　画像を認識する」〔25 ページ〕参照）。

> ヒント！　PDF ファイルが PDF テキストとして認識された場合、[事前認識結果の修正] をおこなうかどうかをたずねる画面が開きます。その場合は、📖 section 1「[事前認識結果の修正] 画面」(27 ページ) を参照してください。

4 スキャンした画像を修正する

手順どおりにスキャンしたはずなのに、うまく認識できないという場合は、以下の点をチェックしてみましょう。認識率がグンとアップする場合があります。

注意　PDF テキストとして認識された場合は、以下の手順で編集することはできません。

解像度を確認する　Pro Std Lite

解像度についてはスキャンの手順の中でも設定しましたが、スキャンしたあとからでも、ステータスバー右の［最適な解像度］欄で確認することができます。

注意　PDF ファイルの場合は、［最適な解像度］欄は空欄になります。

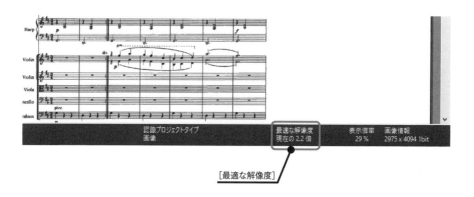

［最適な解像度］

この欄が「1.0 倍」以外になっている場合は、できるだけ 1.0 倍に近づくよう解像度を調整してスキャンしなおすだけで、認識率がアップすることがあります。

ヒント　現在の解像度に、ここに記されている倍率を掛けた値が、1.0 倍の解像度になります。

ヒント　スキャンしなおす手順については、section 2「画像をスキャンしなおす」(45 ページ) の項を参照してください。

section 2 スキャン入力で困ったら

画像のゴミを削除する Pro Std Lite

書き込みや汚れなどがあると、うまく認識できない場合があります。その場合は、必要のない部分を取り除いて、キレイな画像にします。

手順

1 [画像リスト]で画像をクリックして選択します。
2 カーソルをドラッグすると表示される緑色の□で削除したい部分を囲みます。

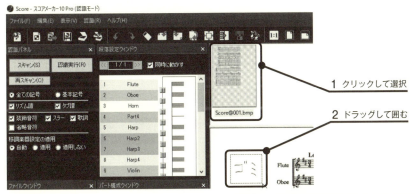

1 クリックして選択
2 ドラッグして囲む

> **ヒント!** うまく囲めなかった場合は、画像の上でクリックすると選択が解除されるので、もう一度囲みなおします。

> **ヒント!** [表示]メニューの[拡大/縮小]から[拡大]や[縮小]などを選択すると、画像の表示サイズを変更できます。

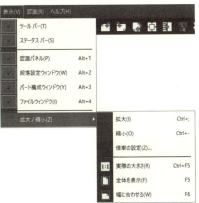

3 Delete キーを押します。
4 選択した部分の画像が消去されます。

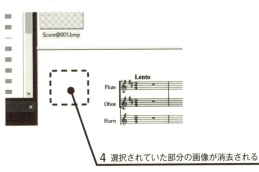

4 選択されていた部分の画像が消去される

必要な部分を切り抜く

楽譜サイズの都合などで、どうしても隣ページがいっしょにスキャンされてしまう。あるいは楽譜といっしょに曲目解説などの文字がスキャンされている。

……など、楽譜以外の「ゴミ」が多い場合は、必要な部分だけを切り抜きます。

手順

1 [画像リスト]で画像をクリックして選択します。

2 [表示]メニューの[拡大／縮小]から[全体を表示]などを選択して、切り抜きたい部分が表示されるように調整します。

3 カーソルをドラッグすると表示される緑色の□で必要な部分を囲みます。

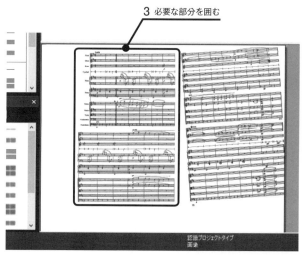

3 必要な部分を囲む

4 [編集]メニューから[切り抜き]を選択します。
または、ツールバーの[切り抜き]ボタンをクリックします。

5 選択した部分だけが切り抜かれた画像になります。

4 [切り抜き]

画像の順序を変更する　Pro Std Lite

　画像は、スキャンした(または開いた)順に[画像リスト]に表示され、その順序で認識されます。もし、スキャンする(開く)順番を間違えてしまった、というような場合は、[画像リスト]で画像を並び替えることができます。

手順

1 [画像リスト]で画像をクリックして選択します。

2 選択した画像をドラッグすると薄くプレビューが表示されます。
このプレビューを正しい位置までドラッグします。

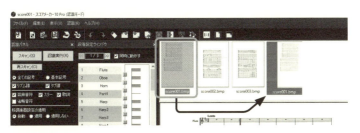

3 画像が並び替えられます。

画像をスキャンしなおす　Pro Std Lite

　うまく修正できない、解像度をもう一度設定しなおしたい、といった場合などは、該当ページだけをもう一度スキャンしなおしましょう。

手順

1 [画像リスト]で画像をクリックして選択します。

2 [認識パネル]の[再スキャン]をクリックします。

3 スキャナソフトが起動します。

4 該当ページをセットし、もう一度スキャンしなおしましょう。

5 手順1で選択した画像が、再スキャンした画像に置き換えられます。

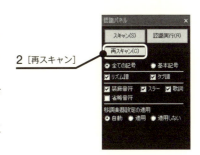

2 [再スキャン]

> **ヒント!** スコアメーカーから直接操作できないスキャナの場合は、画像を削除してから(次項参照)、再度スキャナソフトを起動してスキャンしなおしたあと、新しい画像ファイルを開き、必要に応じて並び順を修正してください。

画像を削除する Pro Std Lite

間違えて読み込んでしまった(または開いてしまった)画像は、リストから削除します。

（手順）

1 [画像リスト]で画像をクリックして選択します。

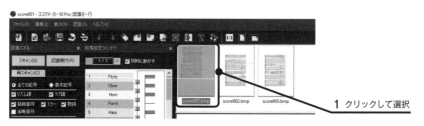

2 [編集] メニューから [消去] を選択します。
または、ツールバーの [消去] ボタンをクリックします。

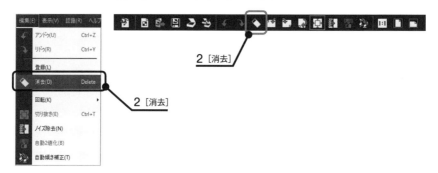

3 本当に削除してよいかどうかをたずねる画面が表示されるので、[はい] をクリックします。

ヒント [いいえ] をクリックすると、画像を削除する操作がキャンセルされます。

4 選択した画像がリストから削除されます。

section 2 スキャン入力で困ったら

5 段落の設定を確認する

　たとえば合唱譜などで、前奏部分など、休みが続く合唱パートを省略してピアノ・パートだけが記されていることがあります。

　このように、複数のパートを持つ楽譜では、段落（**左が１本の小節線で結ばれたひとまとまりの五線のこと**）によって表示されているパート数が異なる場合があります。そういう場合は、認識する前に各五線のパート設定が正しいかどうか、［段落設定ウィンドウ］と［パート構成ウィンドウ］を使って確認します。

［段落設定ウィンドウ］　　　　　　［パート構成ウィンドウ］

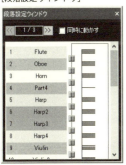 

　ヒント　［段落設定ウィンドウ］と［パート構成ウィンドウ］は、［表示］メニューからそれぞれのウィンドウ名を選択してチェックを付けると開きます。

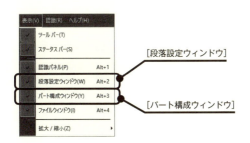

　段落設定の確認では、その手順が重要なポイントとなります。以下の手順に従ってチェックしてください。

check① 「段落の切れ目を確認する」 Pro Std Lite

まず、[段落構成ウィンドウ]で、各段落の切れ目が正しく認識されているかどうかを確認します。

(手順)

1 [画像リスト]で画像をクリックして選択します。

　ヒント♪ 1ページ目から順に、すべてのページをチェックします。

2 [段落設定ウィンドウ]の左端に表示されている数字をクリックすると、画像の対応するパートが□で囲まれます。

　ヒント♪ スコアメーカーでは、大譜表も1パートとして数えます。
　ヒント♪ 各パートごとに色分け表示されます。

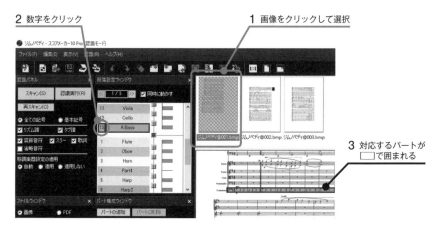

画像と照らし合わせながら、パート名右に表示されているマークが、段落の途中では▥、段落の切れ目では赤い▤になっているかどうかを確認します。

　ヒント♪ ▥をクリックすると▤に、▤をクリックすると▥になります。

3 複数のページを持つ楽譜の場合、1ページ目を確認し終わったら[段落設定ウィンドウ]の[≫]をクリックします。

4 次のページが表示されるので、同様にしてすべてのページで段落の切れ目を確認します。

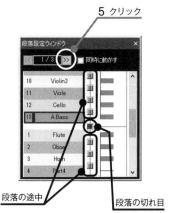

section 2　スキャン入力で困ったら

check② 「譜表の種類を確認する」　Pro Std Lite

次に［段落構成ウィンドウ］で、譜表の種類、単独譜か大譜表かを確認します。

手順

1 ［画像リスト］で画像をクリックして選択します。

> ヒント！　1ページ目から順に、すべてのページをチェックします。

2 ［段落設定ウィンドウ］の左端に表示されている数字をクリックします。

3 画像の対応するパートが□で囲まれます。

4 ［段落設定ウィンドウ］で正しく単独譜表、または大譜表として認識されているかどうかを確認します。
間違っている場合は、五線マークをクリックすると表示されるリストから正しい譜表を選択して修正します。

> 注意　リズム譜として検出されたパートは、譜表の種類を変更できません。

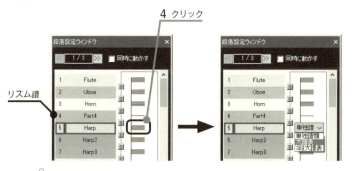

> ヒント！　単独譜を大譜表に変更すると、すぐ下の五線と合わせて大譜表として認識されます。

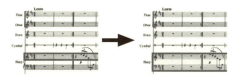

> ヒント！　大譜表を単独譜に変更すると、2つの単独譜に分かれて認識されます。

> 注意　「3段大譜表」を認識できるのは Pro のみです。Std と Lite では「3段大譜表」を認識することはできません。

5 複数のページを持つ楽譜の場合、1ページ目を確認し終わったら［段落設定ウィンドウ］の［≫］をクリックします。

6 次のページが表示されるので、同様にしてすべてのページで譜表の種類を確認します。

check③ 「パートの構成を確認する」 Pro Std Lite

今度は、[パート構成ウィンドウ]で、必要なすべてのパートが検出されているかどうかを確認します。[画像リスト]から、すべてのパートが揃っているページをクリックして表示しておくと、確認するときに便利です。

注意 StdとLiteにはパートテンプレート機能はありません。下記手順2でパートを選択したら、手順9に進み、パート名の入力のみをおこなってください。

(手順)

1 [パート構成ウィンドウ]の左端に表示されている数字をクリックします。
2 画像の対応するパートが□で囲まれます。

ヒント Std、Lite の場合は、手順9に進んでください。

3 [パート構成ウィンドウ]の[パートテンプレート]欄をクリックします。

注意 リズム譜として検出されたパートには、パートテンプレートを適用できません。

4 [パートテンプレートの適用]画面が開きます。
5 [ジャンル]をクリックすると表示されるリストから、ジャンルを選択します。
6 選択したパートに適した楽器をクリックして選択します。

ヒント [+]をクリックすると、そのグループに含まれた楽器リストが表示され、[-]をクリックするとリストが閉じます。

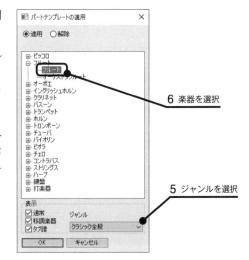

section 2 スキャン入力で困ったら

7 [OK] をクリックして画面を閉じます。
8 [パート構成ウィンドウ] の [パートテンプレート] 欄に、選択したパートテンプレート名が表示されます。
9 必要に応じて [パート名] 欄をクリックし、パート名を入力します。

9 パート名を入力

ヒント! ここで入力したパート名は、認識後の楽譜のパート名として使用されます。

ヒント! ここで入力したパート名は、[段落設定ウィンドウ] にも反映されます。

10 すべてのパートに対して、上記の手順でパートテンプレートとパート名を設定します。

■ パートを追加する

必要なパートがすべて揃っていない場合は、必要に応じてパートを追加します。

(手順)

1 [パートの構成ウィンドウ] の [パートの追加] をクリックします。

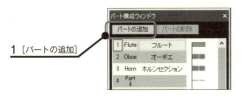

1 [パートの追加]

2 [パートの追加] 画面が表示されます。
3 [位置] 欄で追加する位置を選択し、[譜表種類] 欄で追加したい譜表の種類を選択します。
4 [OK] をクリックして画面を閉じます。

ヒント! 追加したパートにも、前項手順を参照し、パートテンプレートを割り当てパート名を入力しておきます。

■ ドラム譜やタブ譜の場合

ドラム譜やタブ譜の場合は、[パート構成ウィンドウ]での手順が少し異なります。

ヒント！ ドラム譜やタブ譜は [段落設定ウィンドウ] で [単独譜表] に設定しておきます。

(手 順)

1 [パート構成ウィンドウ] で、ドラム譜、またはタブ譜として認識したいパートの左に表示されている数字をクリックします。

2 画像の対応するパートが□で囲まれます。

3 五線マークをクリックすると表示されるリストから、[ドラム譜] または [タブ譜（5弦）] を選択します。

4 [ドラム譜] を選択した場合は、五線マークの左端にドラムの絵が表示され、ドラム譜に設定されたことが確認できます。

ドラム譜の設定はこれで終了です。手順6に進みます。

ドラム譜のマーク

[タブ譜（5弦）] を選択した場合は、五線マークの左端に「T5」と表示されます。
5弦タブ譜の場合は、さらにパートテンプレートで楽器を選択します。

タブ譜のマーク

5 [タブ譜（5弦）] に設定したパートの [パートテンプレート] 欄をクリックして、[パートテンプレートの適用] 画面を開きます。[ジャンル] をクリックすると表示されるリストから、ジャンルを選択し、選択したパートに適した楽器をクリックして選択します。

ヒント！ タブ譜パートには、楽器名の後ろに「TAB」が表示されたパートテンプレートを選択します。

注意 Std と Lite にはパートテンプレート機能はありません。

楽器を選択したら、[OK] をクリックして画面を閉じます。

6 必要に応じて、[パート構成ウィンドウ] の [パート名] 欄をクリックし、パート名を入力します。

これで、ドラム譜やタブ譜パートの設定ができました。

section 2　スキャン入力で困ったら

check④「パートの割り当てを確認する」　Pro Std Lite

　最後に、それぞれの五線が正しいパートに割り当てられているかどうかを［段落設定ウィンドウ］で確認します。

> **ヒント！** すべてのパートが揃っている段落では確認する必要がありません。省略されているパートがある段落でのみ、確認するようにします。

（手順）

1 ［画像リスト］で画像をクリックして選択します。
2 ［段落設定ウィンドウ］の左端に表示されている数字をクリックします。
3 画像の対応するパートが□で囲まれます。
4 ［パート名］欄に正しいパート名が表示されているかどうかを確認します。
　違う場合は、［パート名］欄をクリックすると表示されるリストから、正しいパート名を選択して修正します。

> **注意！** すべてのパートが揃っている段落では、パート名をクリックしてもリストは表示されません。

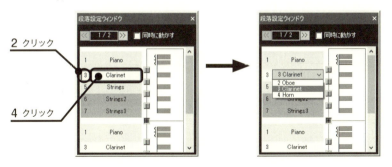

2 クリック
4 クリック

5 複数のページを持つ楽譜の場合、1ページ目を確認し終わったら［段落設定ウィンドウ］の［≫］をクリックします。
6 次のページが表示されるので、同様にしてすべてのページでパートの割り当てを確認します。

6 認識オプションを変更する

認識オプション Pro Std

　スキャンした画像を修正し、段落の設定も確認したけど、それでもうまく認識できない。歌詞のない楽譜なのに、発想記号が歌詞のように認識されてしまう……。そんなときは、認識オプションを変更してみましょう。

　認識オプションは、[認識パネル]に表示されています。これから認識する楽譜にないものがあれば(たとえば歌詞のない楽譜の場合なら[歌詞]など)、該当する項目をクリックしてチェックを外します。そうすることで、発想記号が歌詞として認識されてしまう、というような誤認識がなくなります。

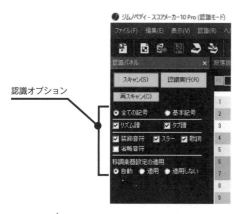

認識オプション

注意 Std では、一部表示されない認識オプションがあります。

注意 Lite では、認識オプションを変更することはできません。

section 3
楽譜を編集する①
▼音符・休符編

1 楽譜編集のためのヒント

　スキャンした楽譜ファイルの完成度を高めるためには、やっぱり最後のツメが肝心。音符や休符のミスがないかどうかのチェックはもちろん、StdやLiteでは認識できない記号もあるので、必要に応じて入力します。
　実際の手順に入る前に、"最後のツメ"に役立つ便利な機能を紹介します。

エラーをすばやく見つける　Pro Std Lite

　[表示パネル]を使うと、音符や休符が設定した拍子記号より多い（または足りない）小節や、正しい組み合わせ記号のない反復記号や矛盾している繰り返し括弧が入力されている小節をすばやく、簡単に見つけることができます。

手順

1 画面右に表示されている[表示]タブにカーソルを合わせます。
2 [表示パネル]が開くので、右上のピン[⇤]をクリックして[⇩]にします。

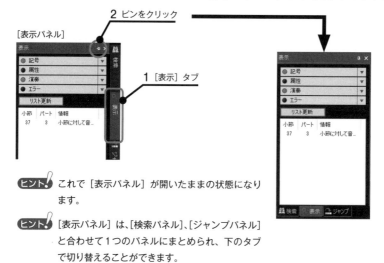

ヒント これで[表示パネル]が開いたままの状態になります。

ヒント [表示パネル]は、[検索パネル]、[ジャンプパネル]と合わせて1つのパネルにまとめられ、下のタブで切り替えることができます。

ヒント 再度ピンをクリックすると[⇤]になり、カーソルをタブから外すと自動的にパネルが閉じるようになります。

ヒント [表示パネル]は、[表示]メニューの[パレット／パネル]から[表示パネル]を選択して開くこともできます。開くと同時に、ピンが[⇩]になります。

section 3 楽譜を編集する①▶音符・休符編

3 [表示パネル] のエラーリストが空欄の場合、[表示パネル] の [リスト更新] ボタンをクリックします。

4 [表示パネル] にエラー箇所のリストが表示されます。

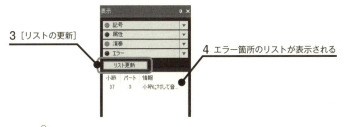

3 [リストの更新]

4 エラー箇所のリストが表示される

> **ヒント！** [リストの更新] をクリックしても空欄のままの場合は、エラーがないということです。
>
> **ヒント！** [リストの更新] をクリックするたびに、エラーリストが更新されます。

5 [表示パネル] で確認したいエラーをダブルクリックすると、ソングポインタというピンクのバーが、すばやく該当小節にジャンプし表示されます。

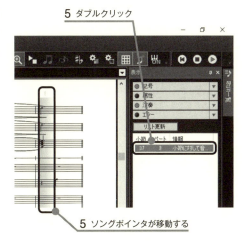

5 ダブルクリック

5 ソングポインタが移動する

57

このとき、画面下のステータスバーには、エラーの詳細が表示されます。初期設定では［表示パネル］の幅が十分でないため、エラーの内容すべてを表示しきれていないため、このステータスバーでの表示が、とても役に立ちますね。

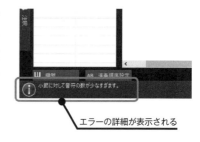

エラーの詳細が表示される

また、［表示パネル］で［エラー］右の［▼］をクリックしてパネルを開き、［音符・休符の過不足］をクリックしてチェックを付けると、過不足小節がカラーで表示されます。設定した拍子記号より音符や休符が多く入力されてしまっている小節は赤で、また逆に足りない小節は青で表示され、視覚的にも認識しやすくなります。

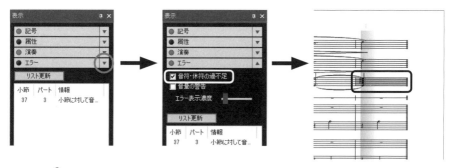

ヒント！ ［エラー表示濃度］右のスライダーで、エラー箇所を示す色の濃度を調整することができます。

ヒント！ ツールバーの［エラー小節の表示／非表示］ボタンでも、［音符・休符の過不足］の表示のオン・オフを切り替えることができます。

［エラー小節の表示／非表示］

section 3　楽譜を編集する①▶音符・休符編

元画像を表示する　Pro Std Lite

エラーが見つかったら、もとの楽譜と照らし合わせて修正します。

認識した楽譜であれば、クリック1つでスキャンした画像を、それも見たいポイントを表示することができ、効率よくもとの楽譜と照らし合わせることができます。

手順

1 [表示] メニューの [パレット/パネル] から [元画像パネル] を選択し、[元画像パネル] を開いておきます。

> ヒント！　初期設定では、認識と同時に [元画像パネル] が開きます。

2 ツールバーから [選択カーソル] をクリックして選択します。

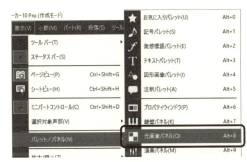

3 楽譜上で、もとの画像を表示したい部分をクリックします。
4 クリックした場所に対応するもとの画像が表示されます。

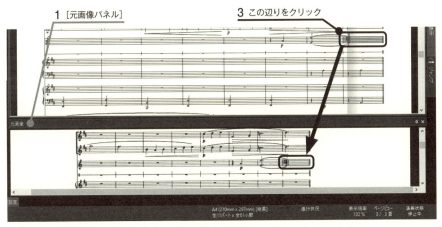

> ヒント！　逆に、元画像をクリックして対応する楽譜を表示させることもできます。

> ヒント！　[元画像パネル] と楽譜の境目で、カーソルが ⇕ になる位置でドラッグすると、[元画像パネル] のサイズを上下に調整することができます。

マスク記号を表示、確認する　Pro Std Lite

スコアメーカーには、入力した音符や休符、記号や文字を隠す「マスク」という機能があります。スキャナで読み込んだ楽譜では、思わぬ箇所にマスク記号が入力されてしまうことがあります。

「なんだか再生がオカシイ」、「手順どおり操作しているのにうまく修正できない」というようなときは、一度、マスク記号が入力されていないかどうか、以下の手順でチェックしてみてください。

手順

1 ［表示］タブにカーソルを合わせ、［表示パネル］を開きます。
2 ［記号］右の［▼］をクリックすると、パネルが開きます。
3 ［マスク記号］をクリックしてチェックを付けます。

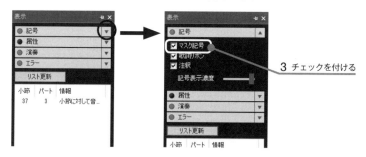

4 マスクされた記号が薄いグレーで表示されます。

4 マスクされた記号がグレーで表示される

ヒント！ ツールバーの［マスク記号の表示／非表示］ボタンでも、マスク記号の表示・非表示を切り替えることができます。

［マスク記号の表示／非表示］

グレーで表示されたマスク記号は、目で確認できると同時に、通常の音符や記号と同様に編集することができます。

section 3 楽譜を編集する①▶音符・休符編

2 パレットの使い方

音符や記号、文字などの編集には、さまざまな「パレット」を使用します。次に、それらのパレットについて見ておきましょう。

「パレット」って？ Pro Std Lite

「パレット」といえば普通、水彩画を描くときなどに、いろいろな色の絵の具を出しておく板状の道具を指しますね。それと同じです。楽譜を作るのに必要な色、つまり音符や記号、文字などを並べたものが「パレット」です。ここから必要な音符や記号を取って（クリックして選択し）、五線に並べていくわけです。

スコアメーカーには、6つのパレットが用意されています。

[記号]パレット

[発想標語]パレット

[テキスト]パレット

[お気に入り]パレット

[図形画像]パレット

[注釈]パレット

［お気に入り］以外のパレットは、初期設定では画面左に収められ、パレットの名前が書かれたタブだけが表示されています。こうしておくことで、画面が整理され、広々と使うことができるわけです。

　たとえば、［記号］と書かれたタブにカーソルを合わせてみてください。すると、ひょいっという感じで［記号］パレットが飛び出し、その中身を覗くことができます。音符や休符といったさまざまな記号が並んでいますね。

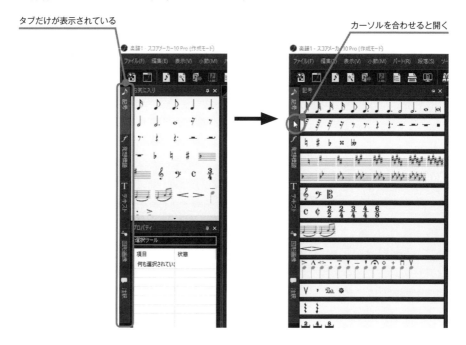

　カーソルをパレットから外して楽譜のほうに移動すると、パレットは、また画面左に引っ込み、タブだけになります。

> **ヒント！** 何も楽譜を開いていないときは、カーソルを外してもパレットは開いたままになります。
> 他のタブに合わせると、開いているパレットが選択したものに切り替わります。

パレットをピンで留める Pro Std Lite

　では、どうして [お気に入り] パレットだけ、開いたままになっているのでしょう。

　パレットの右上を見てください。[×] の左にピンの絵が描かれているのがわかるでしょうか。このピンが [📌] のときは、画鋲で壁にメモを留めるように、パレットを開いたままにすることができます。

　[📌] をクリックしてみましょう。すると [📍]（ピンが外れた状態）になり、カーソルをパレットから外すと、画面左に引っ込み、他のパレットと同様にタブだけが表示された状態になります。

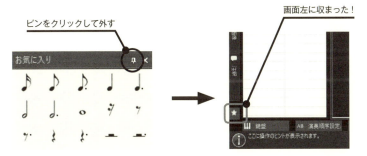

ヒント！ もう一度タブにカーソルを合わせてピンをクリックして [📌] にすると、もとの状態に戻ります。

　残りのパレットも同様に、右上のピンをクリックして [📌] にすれば、開いたままの状態にすることができます。

　ただ、残りの5つのパレットは、どれか1つをピンで留めると、1つのパレットにまとめて表示されます。つまりスコアメーカーでは、[記号]、[発想標語]、[テキスト]、[図形画像]、[注釈] パレットは、1まとまりのパレットとして認識されているわけです。

　パレットを切り替えたいときは、パレットの下に表示されるタブをクリックして選択します。

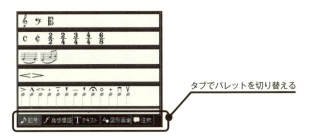

[記号] パレットの秘密 Pro Std Lite

ところで、[記号]パレットには、ちょっと秘密があります。[記号]タブにカーソルを合わせて、パレットを開いてみましょう。さまざまな音符や記号がずらりと並んでいますね。

ここで、パレットからカーソルを外さないように気をつけながら、記号の間に表示されているグレーのバー、どれか1つを右クリックしてみましょう。するとメニューが表示されるので、[全部閉じる]を選択してみてください。

すると、あら不思議。音符や記号が隠れ、[音符]や[休符]など、カテゴリー名が書かれたバーが並びます。

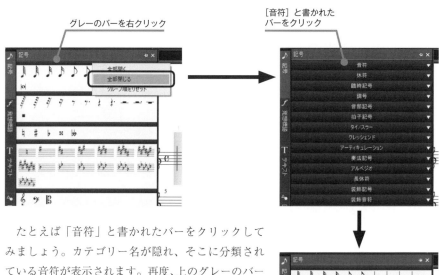

たとえば「音符」と書かれたバーをクリックしてみましょう。カテゴリー名が隠れ、そこに分類されている音符が表示されます。再度、上のグレーのバーをクリックするとパレットが閉じ、カテゴリー名が表示されます。ずらりと並んだ記号の中から目的のものを探すのは、けっこう骨が折れるもの。こうしてカテゴリー表示にしておけば、目的の記号も探しやすくなりますね。

え、やっぱりパレットが全部開いていたほうがいいですか？

そういう方もいらっしゃるでしょう。そういう場合も1つひとつ開く必要はありません。カテゴリー名の上で右クリックし、表示されるメニューから[全部開く]を選択すれば一瞬でパレットが全部開きます。お好みに合わせて使ってください。

section 3　楽譜を編集する①▶音符・休符編

［お気に入り］パレットの使い方　Pro Std Lite

　［お気に入り］パレットには、他の5つのパレットにカテゴリー別に分類されて収められている音符や記号の中から、よく使われるものがまとめられています。その名のとおり、「お気に入り」の記号だけを集めて表示することができます。

［お気に入り］パレット

　パレットの使い方については、これから順に説明していきますが、たとえば、音符は［記号］パレットから、次の強弱記号は［発想標語］パレットから、というようにバラバラに収められている記号も、［お気に入り］を使えば、これ1つですんでしまいます。あれこれパレットを開く手間が省ける、というわけです。

> **ヒント！** もし画面上に［お気に入り］パレットが見あたらない場合は、［表示］メニューの［パレット／パネル］から［お気に入りパレット］を選択すると開きます。

　カーソルを［お気に入り］パレットの記号に合わせると、右下に▲が表示されます。この▲をクリックしてみましょう。

　すると、選択した記号が収められているパレットが開きます。ここで他の記号をクリックして選択すると、［お気に入り］パレットでも選択した記号に置き換えられます。

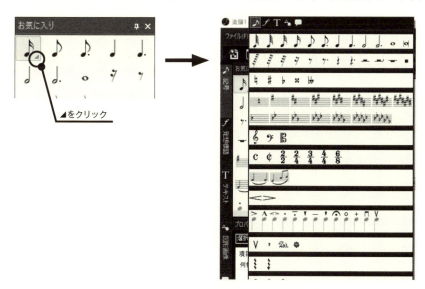

▲をクリック

また記号にカーソルを合わせて右クリック、[削除]を選択すれば、ふだんあまり使わない記号をパレットから削除することができます。

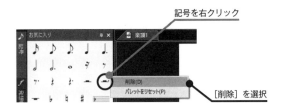

逆に、右下の「+」をクリックし、表示されるパレットから必要な記号をクリックして選択すれば、あらたに追加することができます。せっかくの[お気に入り]パレットですから、自分流に使いやすくアレンジして、名前のとおりの"お気に入り"にしたいですよね。

> **ヒント！** 「+」が表示されていない場合は、パレット下の[▼]をクリックしてスクロールすると表示されます。

> **ヒント！** 左上のタブをクリックすると、パレットを切り替えることができます。

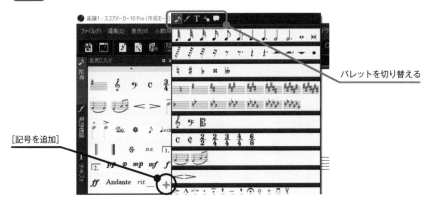

さて、ひととおり使い方がわかったら、デフォルトの状態に戻しておきましょう。[お気に入り]以外はピンを外してタブ表示にし、[お気に入り]パレットも初期設定の状態に戻しておきましょう。パレットの上で右クリックすると表示されるメニューから、[パレットをリセット]を選択します。パレットをリセットするかどうかを聞かれるので、[OK]をクリックすると、パレットの中身が、初期設定の状態に戻ります。

3 音符（休符）を修正する

では実際の手順です。

余分な音符（休符）を削除する　Pro Std Lite

必要のない音符や休符は、削除します。

手順

1 ツールバーから［選択カーソル］をクリックして選択します。

1 ［選択カーソル］

2 削除したい音符（休符）をクリックします。

ヒント！ 音符（休符）が黄色に変化するポイント（音符の場合は符頭の辺り）でクリックします。

複数の音符（休符）を選択したい場合は、カーソルをドラッグすると表示される□で囲むようにして選択します。

ヒント！ □で囲むと周辺の記号などもいっしょに選択されてしまうという場合は、Ctrl キーを押しながらクリックすると、目的の音符（休符）だけを選択することができます。

3 音符や休符が選択され、緑色で表示されます。

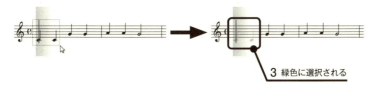

3 緑色に選択される

4 パソコンキーボードの Delete キーを押します。
5 選択していた音符（休符）が削除されます。

5 音符が削除される

ヒント！ 初期設定では、音符や休符を削除すると、同じ小節内の後ろの音符や休符の位置が再調整されます。

■小節単位でまとめて削除する

小節単位で、まとめて音符や休符を削除することもできます。

> **ヒント！** 以下の手順では、選択した小節に記号や文字が入力されていた場合、それらも同時に削除されます。

(手 順)

1 ツールバーから［選択カーソル］をクリックして選択します。
2 音符や記号を削除したい小節をダブルクリックします。

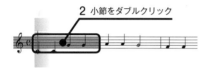

3 小節が選択され、オレンジ色になります。

> **ヒント！** 複数の小節を選択したい場合は、先頭小節を選択したあと、Shiftキーを押しながら最終小節をダブルクリックします。

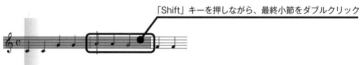

4 パソコンキーボードのDeleteキーを押します。
5 選択した小節の内容が削除され、空の小節に戻ります。

ぷらす1 ポイント

これからも、いろいろな場面で登場する［選択カーソル］。
本文ではツールバーから選択して切り替える手順を説明していますが、右クリックから選択する、というのもなかなか便利です。どんな記号を選択しているときでも、必ず表示されるリストの上部に［選択カーソル］が用意されています。ぜひ活用してください。

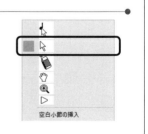

section 3　楽譜を編集する①▶音符・休符編

音符（休符）を挿入する

うっかり抜けてしまった音符や休符は、あとから挿入します。音符や休符は［お気に入り］パレットに用意されています。

> **ヒント** 16分音符（16分休符）より短い音符（休符）、あるいは全音符（全休符）より長い音符（休符）を挿入したいときは、［記号］パレットの［音符］に用意されています。

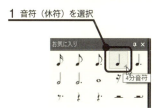

■音符（休符）を挿入する

（手順）

1 パレットから音符（または休符）をクリックして選択します。

> **ヒント** 音符や休符にカーソルを合わせると小窓が開き、指している音符（休符）の名前が表示されます。

1 音符（休符）を選択

2 カーソルを楽譜の上に移動すると、♪の先に選択した音符（休符）が青色で表示され、小節が青い□で囲まれます。この青い□が入力したい小節を囲んだ状態で、青い音符を挿入したい位置に合わせます。

> **注意** ⊘マークが表示される位置では、音符（休符）を入力できません。

3 あとはクリックするだけ。
音符の場合は、入力と同時に入力した高さの音が鳴ります。

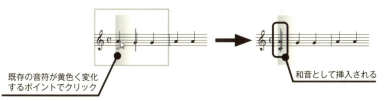

> **ヒント** 既存の音符が黄色く変化するポイントでクリックすると、和音として挿入できます。

既存の音符が黄色く変化
するポイントでクリック　　　　　　　　　　　和音として挿入される

■ 大譜表に音符（休符）を挿入する場合のポイント

ピアノ譜のような大譜表に音符や休符を挿入するとき、押さえておきたいポイントがあります。それは「横位置（拍位置）」です。

大譜表

もう一方の五線に同じタイミングで演奏する音符（休符）がある場合は、横位置（拍位置）を揃えて入力します。カーソルを入力位置に合わせると、もう一方の五線の音符（休符）が黄色く変化するポイントがあります。このポイントで、上下にカーソルを移動して高さを合わせて入力します。こうすれば、同じタイミングで演奏する音符（休符）として入力されます。

同じタイミングで演奏する場合

音符が黄色くなる

逆に、同じタイミングで演奏しない場合は、黄色に変化しない（直前の音符や休符が紫色になる）ポイントでクリックするようにします。

同じタイミングで演奏しない場合

直前の音符が紫色になる

スキャンした楽譜で、小節内の音符や休符の数は合っているのにエラー箇所として認識されてしまう場合は、音符や休符の横位置（拍位置）を確認してみましょう。

> **ヒント！** 音符や休符を左右にドラッグすると、横位置（拍位置）を修正できます。

ぷらす1ポイント

音符や休符を修正していると、音符や休符が、極端な場合は小節ごと、勝手に移動することがあります。これは、スコアメーカーの「自動スペーシング」機能が働くためです。

「スペーシング」とは、音符や休符をキレイに配置することで、スコアメーカーでは、これを自動でおこなってくれているわ

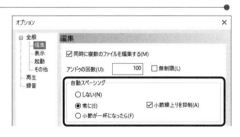

けです。このタイミングは、［ツール］メニューから［オプション］を選択すると開く［オプション］画面で設定されています。初期設定では［常に］が選択されています。そのため、音符や休符を編集するタイミングで常に調整されているわけです。

section 3　楽譜を編集する①▶音符・休符編

音符の高さ（休符の垂直位置）を修正する　Pro Std Lite

音符の高さ（休符の垂直位置）はパソコンキーボードの矢印キーで修正します。

> ヒント！　臨時記号の修正については、📖 section 3「臨時記号を修正する」（74ページ）を参照してください。

（手順）

1　ツールバーの［選択カーソル］をクリックして選択します。

2　修正したい音符（休符）をクリックして選択します。

> ヒント！　音符（休符）が黄色に変化するポイント（音符の場合は符頭の辺り）でクリックします。

2 クリック

3　音符（休符）が選択され、緑色で表示されます。

4　パソコンキーボードの Shift キーを押しながら↑または↓キーを押して、高さを修正します。

> ヒント！　臨時記号が付いている場合は、臨時記号もいっしょに移動します。

> ヒント！　音符や休符をドラッグして調整することもできますが、特に大譜表の場合など、横位置がずれてしまわないように気をつけます（前ページ 📖「大譜表に音符（休符）を挿入する場合のポイント」参照）。

> ヒント！　［プロパティ］ウィンドウ（次ページ参照）の［符尾の向き］で［自動］をクリックすると、修正した音符の高さに合わせて符尾の向きが自動で調整されます。

［自動］

音符（休符）の長さを修正する Pro Std Lite

音符や休符の長さは［プロパティ］ウィンドウで修正します。

■［プロパティ］ウィンドウ

"プロパティ（property：特質、属性）"という言葉のとおり、音符や休符、記号、テキスト、五線などの属性やその詳細を設定するための画面です。そのため、選択しているものによって［プロパティ］に表示される項目は異なります。左図はパレットの音符を選択したときに表示される［プロパティ］です。

注意 お使いのグレード（Pro、Std、Lite）によっても、［プロパティ］ウィンドウに表示される項目が異なる場合があります。

ヒント ［プロパティ］ウィンドウは、［表示］メニューの［パレット／パネル］から［プロパティウィンドウ］を選択すると、表示されます。

（手順）

1 ツールバーの［選択カーソル］をクリックして選択します。
2 修正したい音符をクリックして選択します。

ヒント 音符（休符）が黄色に変化するポイント（音符の場合は符頭の辺り）でクリックします。

3 音符（休符）が選択され、緑色で表示されます。
4 ［プロパティ］ウィンドウの［種類］で正しい長さの音符（休符）を選択します。
   ［付点］欄で付点を追加したり、また逆に［なし］で付点を削除することもできます。

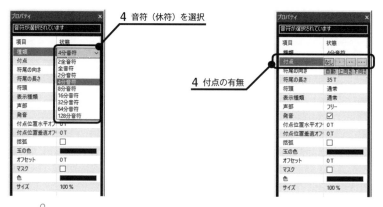

ヒント 休符を選択すると、［プロパティ］ウィンドウの［種類］欄にも休符のリストが表示されます。

section 3　楽譜を編集する①▶音符・休符編

音符の棒の向きを修正する　Pro Std Lite

音符の棒は「符尾」といい、その向きは［プロパティ］ウィンドウで調整できます。

手順

1. ツールバーの［選択カーソル］をクリックして選択します。
2. 符尾の向きを調整したい音符をクリックして選択します。

   ヒント！ 音符が黄色に変化するポイント（符頭の辺り）でクリックします。

   ヒント！ `Ctrl`キーを押しながらクリックすると、複数の音符を選択することができます。

3. ［プロパティ］ウィンドウの［符尾の向き］欄で符尾の向きをクリックして選択します。

   ヒント！ ［自動］を選択すると、音符の高さに応じて自動で最適な向きに調整されます。

   注意！ 音符以外の記号などもいっしょに選択していると、［プロパティ］ウィンドウに［符尾の向き］欄が表示されません。その際は、再度、音符だけを選択しなおすようにします。

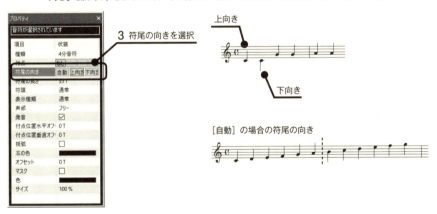

ぷらす1ポイント

パソコンの操作には「ショートカット」といって、マウスでは数段階の操作が必要な作業も、パソコンキーボードの指定されたキー（ショートカットキー）を押さえるだけで簡単に操作できてしまう便利な機能があります。

ここで説明した符尾の向きの調整にも、ショートカットキーが割り当てられています。上記手順2で音符を選択したら、`Ctrl`キーと`Shift`キーを押さえたまま、`→`または`←`キーを押してみましょう。矢印キーを押すごとに、符尾の向きが反転します。

ちょっとしたことですが、覚えておくと、より作業がスムーズになります。

臨時記号を修正する Pro Std Lite

■臨時記号を削除する

（手順）

1 ツールバーから［選択カーソル］をクリックして選択します。
2 削除したい臨時記号をクリックします。

> ヒント！ 臨時記号が黄色に変化するポイントでクリックします。

3 臨時記号が選択され、緑色になります。
4 パソコンキーボードの Delete キーを押します。
5 選択していた臨時記号が削除されます。

■臨時記号を挿入する

臨時記号も音符や休符と同様に、パレットから選択して挿入します。よく使う♯や♭、♮は［お気に入り］パレットに、×や♭♭は［記号］パレットの［臨時記号］に用意されています。

（手順）

1 パレットから臨時記号をクリックして選択します。
2 カーソルを楽譜の上に移動すると、🡒の先に選択した臨時記号が表示されます。

> 注意 ⊘マークが表示される位置では、入力できません。

3 カーソルを音符に近づけると、音符がピンク色に変化します。目的の音符がピンク色になったポイントで、クリックします。

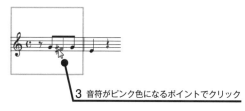

4 臨時記号が入力されます。

> ヒント！ 同じ手順で装飾音符に臨時記号を追加することもできます。クリックすると、装飾音符のサイズに適した臨時記号が入力されます。

section 3　楽譜を編集する①▶音符・休符編

■臨時記号を変更する

別の臨時記号に変更したい場合は、［プロパティ］ウィンドウで修正します。

手順

1. ツールバーから［選択カーソル］をクリックして選択します。
2. 変更したい臨時記号をクリックします。

   ヒント！ 臨時記号が黄色に変化するポイントでクリックします。

3. 臨時記号が選択され、緑色になります。
4. ［プロパティ］ウィンドウの［種類］欄をクリックすると表示されるリストから、臨時記号を選択します。

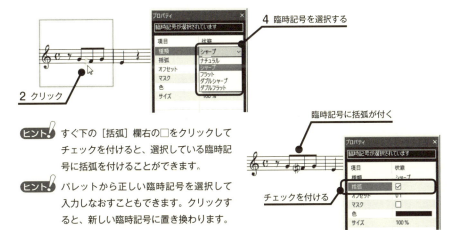

ヒント！ すぐ下の［括弧］欄右の□をクリックしてチェックを付けると、選択している臨時記号に括弧を付けることができます。

ヒント！ パレットから正しい臨時記号を選択して入力しなおすこともできます。クリックすると、新しい臨時記号に置き換わります。

ぷらす1ポイント

スコアメーカーには、ちょっと変わった「ドラッグ入力」という方法があります。

たとえば臨時記号の場合、パレットから臨時記号を選択して音符の脇でクリックする際に、すぐに指を離してしまわず、マウスボタンを押さえたまま上下にドラッグしてみましょう。

すると、あら不思議。音符の脇に表示される臨時記号がくるくると変わっていきます。上にドラッグするとシャープ系の臨時記号に、下にドラッグするとフラット系の臨時記号に変わっていきます。

試しに、左右にもドラッグしてみましょう。すると今度は、臨時記号に括弧が付いたり消えたりします。

このように、音符や休符、記号などを入力する際に、ドラッグしてその種類を選択しながら入力することを「ドラッグ入力」といいます。

ちなみに音符の場合は、上下にドラッグすると臨時記号が付き、左右にドラッグすると音符の長さが変わります。

装飾音符を挿入（入力）する　Pro Std Lite

　装飾音符も通常の音符と同様に、パレットから選択して挿入（入力）します。[記号]パレットの[装飾音符]には、さまざまなタイプの装飾音符が用意されています。単純な8分音符の装飾音符（8分小音符）であれば、[お気に入り]パレットから入力することもできます。

　特に Lite を使ってスキャナで取り込んだ場合、装飾音符は認識することができないため、以下の手順であとから入力する必要があります。

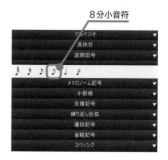

8分小音符

手順

1 パレットから装飾音符をクリックして選択します。

2 カーソルを楽譜の上に移動すると、♀の先に選択した装飾音符が青色で表示されます。

3 カーソルを装飾音符を入力したい音符に近づけると、音符がピンク色に変化するポイントがあります。　このポイントで位置を調整し、クリックします。

> **ヒント！** 前打音の場合は音符の左側で、後打音の場合は音符の右側でクリックします。

前打音

後打音

4 クリックした位置に、装飾音符が入力されます。

> **ヒント！** 装飾音符の場合も、ドラッグ入力を利用できます。上下にドラッグすると臨時記号が、左右にドラッグすると装飾音符の種類が選択できます。

> **ヒント！** 旗の付いた装飾音符を続けて入力すると、初期設定では、[ツール]メニューの[自動連桁]がオンになっている（カラー表示になっている）ため、自動的に横棒でつながれます（連桁、📖 section 3「音符をつなぐ・切り離す」（78ページ）参照）。

横棒（連桁）でつながれる

連符にする　Pro Std Lite

通常の音符から連符への変更は簡単です。

手順

1. ツールバーから［選択カーソル］をクリックして選択します。
2. ドラッグすると表示される□で、連符にしたい音符（休符）を囲むようにして選択します。
3. ［ツール］メニューから［連符］を選択します。

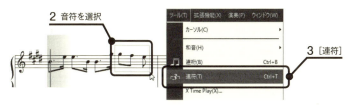

4. 選択していた音符が連符の括弧でくくられ、音符（休符）の数に応じた数字が表示されます。

■連符を通常の音符に戻す

手順

1. ツールバーから［選択カーソル］をクリックして選択します。
2. 連符の括弧をクリックして選択します。

> **ヒント！** このとき、連符の括弧や数字が黄色く変化するポイントでクリックします。

3. Delete キーを押します。
4. 連符の括弧と数字が削除され、通常の音符に戻ります。

ぷらす1ポイント

連符をイチから入力する場合は、パレットで音符を選択したあと、［プロパティ］ウィンドウの［自動連符］欄で、入力したい連符の数字を選択しておくと簡単です。通常の音符と同様にクリックするだけで連符が入力できます。

ただし、通常の音符の入力に戻るときに、［自動連符］欄をもとの［なし］に戻すのを忘れないようにしましょう。

音符をつなぐ・切り離す Pro Std Lite

8分音符や16分音符など旗の付いた音符を入力すると、設定されている拍子記号などによって自動的に横棒（「連桁（れんこう）」という）でつながれます。これは［ツール］メニューの［自動連桁］機能がオン（メニュー左のアイコンが点灯した状態）になっているためです。

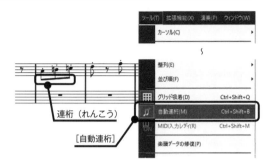

連桁（れんこう）
［自動連桁］

> **ヒント！** ［自動連桁］をオフにすると、音符はつながれなくなります。

音符は、あとから個別につないだり切り離したり、自由に設定しなおすことができます。

手順

1. ツールバーから［選択カーソル］をクリックして選択します。
2. つなぎたい（または切り離したい）位置の後ろ側にある音符をクリックします。

   > **ヒント！** 音符が黄色に変化するポイント（符頭の辺り）でクリックします。

3. 音符が選択され、緑色で表示されます。
4. [Ctrl]キーを押しながら[M]キーを押します。
5. 選択していた音符が、直前の音符とつながれます（または切り離されます）。

   > **ヒント！** 小節線や五線、また休符などをまたいで音符をつなぐこともできます。

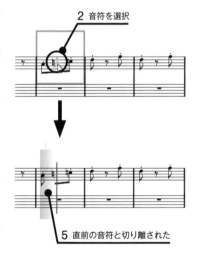

2 音符を選択

5 直前の音符と切り離された

ぷらす１ポイント

スコアメーカーには、さらに便利な機能を追加できるオプションソフトウェア「拡張キットシリーズ」（別売）があります。その中の１つ、「編集拡張キット」（Proのみ対応）を使うと、こういった連桁の編集も簡単にササッと処理できてしまいます。特に、歌詞を持つ楽譜では、歌詞を複数の音符にわたって伸ばす場合でのみ、音符をつないで記譜することがあります。これも「編集拡張キット」の「歌詞による連桁の最適化」を使えば、簡単です。

section 3　楽譜を編集する①▶音符・休符編

■一番外側の連桁だけをつなぐ

32分音符など、3つ以上の連桁を持つ音符が続く場合、拍がわかりやすいように、拍の切れ目では一番外側の連桁だけをつなぐことがあります。コツは、連桁をつなぐ順番にあります。

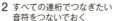

手順

1. ツールバーから［選択カーソル］をクリックして選択します。
2. カーソルをドラッグすると表示される□で、まず、すべての連桁をつなぎたい音符を選択し、Ctrlキーを押しながらBキーを押して連桁でつないでおきます。

> ヒント！　複数の音符をまとめてつないだり切り離したりしたい場合は、MキーではなくBキーを使用します。

> ヒント！　希望の連桁が表示されるよう、何度かキーを押します。キーを押すたびに、つながったり切り離されたりします。

3. 次に、カーソルをドラッグすると表示される□で、一番外側の連桁だけをつなぎたい音符をすべて囲んで選択したあと、Ctrlキーを押しながらBキーを押します。
4. 連桁でつないでおいたグループが、一番外側の1本の連桁でつながれます。

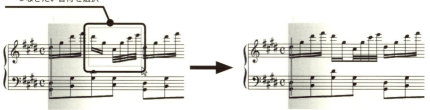

ぷらす1ポイント

連桁でうまくつなげない、というときは、音符を選択したあと、［プロパティ］ウィンドウの［声部］欄を確認します。ここが空欄になっているときは、複数の声部が混ざっています。連桁でつなぐことができるのは、同じ声部に入力された音符だけです。

［声部］欄をクリックすると表示されるリストから声部を選択して同じ声部に移動すると、連桁でつなげるようになります。

■[自動連桁]の単位を変更する(Proのみ)

Proでは、入力前にあらかじめ、[自動連桁]でつなぐ音符の単位を設定することができます。

注意 設定前に入力されていた音符のつなぎ方はそのままで、変更されません。

(手順)

1. [ファイル]メニューから[楽譜の設定]を選択します。
   またはツールバーの[楽譜の設定]ボタンをクリックします。
2. [楽譜の設定]画面が開きます。
3. 左のリストの[記譜ルール]から[連桁/トレモロ]をクリックして選択します。
4. [自動連桁の単位]欄で、自動で連桁をつなぐ単位をクリックして選択します。

ヒント 初期設定では、[1拍]が選択されています。

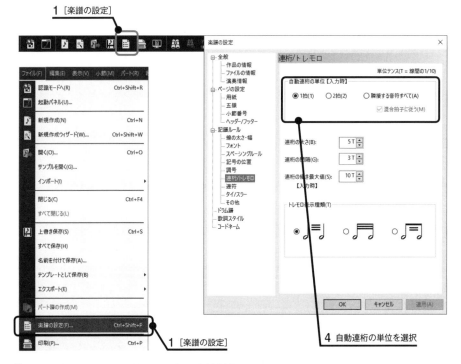

5. これ以降に入力する音符は、選択した拍単位でつながれます。

section 4

楽譜を編集する②

▼音楽記号編

1 音部記号や調号、拍子記号を変更する

あとから調号や拍子記号、音部記号の間違いに気づいた場合も、あわてる必要はありません。音符と同様、[お気に入り] パレットから選択して修正することができます。

> **ヒント** 楽譜全体を移調する手順については、section 6「楽譜全体を移調する」(160ページ) 参照してください。

[オプション] 画面の確認　Pro Std Lite

音部記号や調号を変更する場合は、まず [オプション] 画面を確認しておきます。

手順

1 [ツール] メニューから [オプション] を選択します。
2 [オプション] 画面が開きます。
3 左のリストの [全般] から [編集] をクリックして選択します。
4 [音高の自動変換] をクリックしてチェックを外します。

5 [OK] をクリックして画面を閉じます。

> **注意** [オプション] 画面での設定は、すべてのファイルに対して有効です。

[音高の自動変換] にチェックが付いたまま音部記号や調号を変更すると、すでに入力されている音符が、音部記号や調号の変更に合わせて移動するようになります。音部記号や調号だけを変更したい場合は、必ずチェックを外しておくようにしましょう。

section 4　楽譜を編集する②▶音楽記号編

音部記号を変更する　Pro Std Lite

　スキャナで読み込んだ場合、音部記号の上や下に汚れなどがあると、上（または下）に小さな「8」の付いたト音記号やへ音記号として認識されてしまうことがあります。このままでは、1オクターブ高い（または低い）音で演奏されてしまいます。正しい音部記号に修正しましょう。

　音部記号は［お気に入り］パレットから選択して入力します。

【手順】

1　［お気に入り］パレットからト音記号、またはへ音記号をクリックして選択します。
2　［プロパティ］ウィンドウの［オクターブ］欄をクリックし、表示されるメニューから［標準］を選択します。

> ヒント！　［オクターブ上］を選択すると音部記号の上に、［オクターブ下］を選択すると音部記号の下に、小さな「8」がついたト音記号やへ音記号を入力することができます。

3　カーソルを楽譜の上に移動すると、🔖の先に選択した音部記号が青色で表示されます。
4　カーソルの音部記号を入力したい位置に合わせてクリックします。
5　クリックした位置に、選択した音部記号が入力されます。

> ヒント！　必要に応じて、以降の音部記号も自動的に変更されます。

> ヒント！　上記手順で音部記号を五線（または小節）の途中に挿入することもできます。五線（または小節）の途中に入力した音部記号は、少し小さめのサイズで表示されます。

> ヒント！　音部記号にもドラッグ入力が利用できます。左右にドラッグすると入力する音部記号の種類が選択でき、［お気に入り］パレットにはないハ音記号も選択できるようになります。

調号を変更する Pro Std Lite

音符や休符を入力したあとで調号の間違いに気づいた場合は、音符の位置はそのままに、調号だけを変更することができます。

■五線先頭の調号を変更する

五線先頭の調号だけを変更します。すべてのパートで先頭の調号を一括で変更することができます。

> **注意** 移調楽器を含む楽譜の場合は、次の「五線の途中に挿入する」を参照し、パレットから選択して1パートずつ変更するようにしてください。

(手順)

1 [ファイル] メニューから [楽譜の設定] を選択します。
  またはツールバーの [楽譜の設定] ボタンをクリックします。

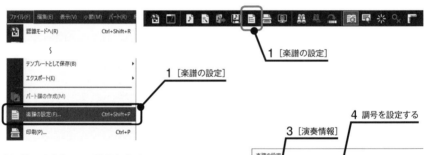

2 [楽譜の設定] 画面が開きます。
3 左のリストの [全般] から [演奏情報] をクリックして選択します。
4 [調号] 欄で [長調] または [短調] をクリックして選択し、[◀] または [▶] をクリックして、変更後の調に設定します。

> **ヒント!** [▶] をクリックすると ♯ が1つ増え (♭ が1つ減り)、[◀] をクリックすると ♭ が1つ増え (♯ が1つ減り) ます。

5 [OK] をクリックして画面を閉じます。
6 入力していた音符やコードネームはそのままで、調号だけ変更されます。

> **ヒント!** すべてのパートが新しい調号に置き換えられます。

section 4　楽譜を編集する②▶音楽記号編

■五線の途中に挿入する

調号を五線の途中に挿入したい場合は、[お気に入り]パレットから選択し、ドラッグ入力で入力します。

(手 順)

1 [お気に入り]パレットから調号をクリックして選択します。

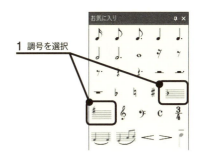

1 調号を選択

　ヒント！　どちらの調号を選択しても同様に操作できます。

2 カーソルを楽譜の上に移動すると、 の先に選択した調号が青色で表示されます。

3 調号を変更したい小節をクリックし、そのまま指を離さずに上下にドラッグし、入力したい調号が表示されたら指を離します。

　ヒント！　上にドラッグすると♯系の調号が、下にドラッグすると♭系の調号が順に表示されます。

　ヒント！　調号は、小節の先頭に入力されます。

　注意！　🚫マークが表示される位置では、調号を入力できません。

4 クリックした位置に、新しい調号が入力されます。

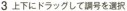
3 上下にドラッグして調号を選択

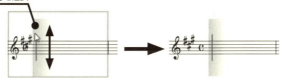

　ヒント！　複数のパートを持つ楽譜では、上記手順を繰り返して、1パートずつ挿入します。

[記号]パレットの[調号]から調号を選択して入力することもできます。この場合は、入力したい調号をクリックして選択し、入力位置に合わせてクリックします。

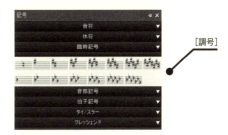

[調号]

　ヒント！　[お気に入り]パレットでの手順と同様に、ドラッグして調号を選択することもできます。

拍子記号を変更する　Pro Std Lite

拍子記号も簡単に変更できます。ただし、入力されている音符や休符はもとのまま。小節割りを変更することはできません。

■五線先頭の拍子記号を変更する

五線先頭の拍子記号を変更したい場合は、[楽譜の設定]画面での変更が便利です。

(手 順)

1 [ファイル]メニューから[楽譜の設定]を選択します。
  またはツールバーの[楽譜の設定]ボタンをクリックします。
2 [楽譜の設定]画面が開きます。
3 左のリストの[全般]から[演奏情報]をクリックして選択します。
4 [拍子記号]欄で拍子記号を選択します。
  C または ¢ 以外の拍子記号に設定したい場合は、3つ目の○(ラジオボタン)をクリックして選択し、[▲]または[▼]をクリックして希望の拍子記号になるよう設定します。

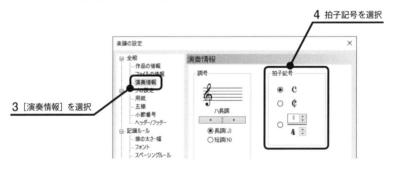

5 [OK]をクリックして画面を閉じます。
6 楽譜先頭の拍子記号が、新しいものに変更されます。

■五線の途中に挿入する

拍子記号を五線の途中に挿入したい場合は、[お気に入り]パレットから入力します。[プロパティ]ウィンドウを使って詳細を設定してから入力すると簡単です。

(手 順)

1 [お気に入り]パレットから拍子記号をクリックして選択します。

2 [プロパティ] ウィンドウの [種類] 欄を
クリックし、[C]、[¢] または [数字指定]
を選択します。
[数字指定] を選択した場合は、[分母]
欄から数字を選択し、[分子] 欄に数字を
入力して、希望の拍子記号になるよう設
定します。

3 カーソルを楽譜の上に移動すると、の先に選択した拍子記号が青色で表示されます。
4 拍子記号を変更したい小節をクリックします。

注意 ◎マークが表示される位置では、拍子記号を入力できません。

5 クリックした位置に、新しい拍子記号が入力されます。

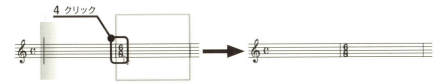

ヒント 複数のパートを持つ楽譜では、任意の1パートに新しい拍子記号を入力すると、すべての
パートに新しい拍子記号が入力されます。

ヒント 拍子記号もドラッグ入力で入力できます。左右にドラッグすると、C、¢ のあと、分母
の数字が選択できるようになり、上下にドラッグすると、分子の数字が選択できます。

ぷらす1ポイント

　Pro では、特定のパートの拍子記号だけを変更するこ
ともできます。これは、[プロパティ] ウィンドウで設定
します。
　変更したいパートの拍子記号をクリックして選択した
ら、[プロパティ] ウィンドウの [独立拍子] 欄をクリッ
クしてチェックを付け、[独立種類] 欄から拍子記号のタ
イプを選択します。
　[数字指定] を選択した場合は、さらに [独立分子] と
[独立分母] それぞれの数値を調整して拍子記号を設定し
ます。
　五線先頭の拍子記号など、クリックしても拍子記号が選択できない場合は、パレットから入力し
なおすと選択できるようになります。

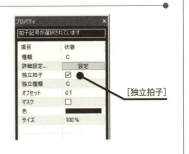

[独立拍子]

混合拍子を設定する Pro

Pro では、$\frac{3}{4}+\frac{2}{4}$ のような混合拍子を設定することもできます。

注意 Std、Lite では混合拍子を設定することはできません。

混合拍子は、通常の拍子記号を入力してから、[プロパティ] ウィンドウで設定します。
[新規作成ウィザード] などで設定した五線先頭の拍子記号の場合、そのままでは選択することができません。一度、前項を参照してパレットから入力しなおしておきましょう。そうしておくと、以下の手順で選択、設定が可能になります。

手順

1 ツールバーから [選択カーソル] を選択します。
2 拍子記号をクリックして選択します。

ヒント 拍子記号が黄色に変化するポイントでクリックします。

3 [プロパティ] ウィンドウの [詳細設定] 欄の [設定] をクリックします。
4 [拍子記号の詳細設定] 画面が開きます。
5 [追加] をクリックします。
6 新しく追加された拍子記号の分母と分子を調整します。

ヒント 分子には、「3.5」などの小数も入力することができます。

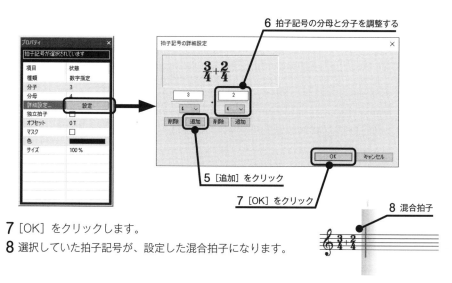

7 [OK] をクリックします。
8 選択していた拍子記号が、設定した混合拍子になります。

section 4　楽譜を編集する②▶音楽記号編

2　[記号] パレットから入力する音楽記号

これまで音符入力に使用してきた [お気に入り] パレットや [記号] パレットでは、音符や休符、臨時記号の他にも、いろいろな音楽記号を入力することができます。

特に Lite をお使いの場合、スキャナを使って読み込んだ場合も、音楽記号は認識できないものがほとんどです。必要に応じてパレットから入力します。

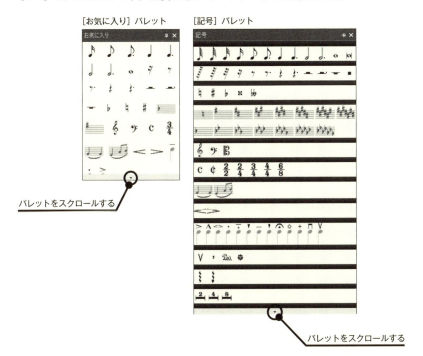

[お気に入り] パレット　　[記号] パレット

パレットをスクロールする

パレットをスクロールする

ヒント! パレット下の [▼] をクリックすると、パレットをスクロールすることができます。

それぞれのパレットの使い方については、section 3「2　パレットの使い方」(61 ページ) でも説明しているので参照してください。

記号の入力手順 Pro Std Lite

　[お気に入り] パレットや [記号パレット] に用意されている音楽記号は、パレットから選択してクリックして入力します。記号の入力手順には、大きく分けて2とおりの方法があります。

■1クリックで入力

　アーティキュレーションや奏法記号など、常に同じ形の音楽記号は、これまで説明してきた音符や休符、音部記号、調号、拍子記号などと同様に、入力位置に合わせてカチッと1回クリックするだけで入力することができます。

　このように1クリックで入力できる記号を、スコアメーカーでは「1点記号」といいます。

■2クリックで入力

　それに対してスラーやクレッシェンド、デクレッシェンドなどのように、入力する場所に応じて長さや形の変わる音楽記号は、その始点と終点をクリックして、つまり2回クリックして入力します。こうした記号をスコアメーカーでは「2点記号」と呼んでいます。

> **ヒント** 2点記号の中には、あらためて始点と終点をクリックしなくても、始点をダブルクリックするだけで入力できる記号もあります。

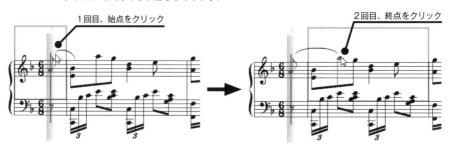

section 4　楽譜を編集する②▶音楽記号編

■スマートグリッド

　記号を入力する際、カーソルに赤い破線が表示され、スッと吸い寄せられるポイントがあります。この赤い破線が、バージョン10から新しく追加された「スマートグリッド」です。[楽譜の設定]画面で決められた標準の位置や、すでに入力されている記号と位置を揃えるためのガイドを示していくれています。このスマートグリッドを目安に記号を入力していけば、記号などがきちんと整列されたきれいな楽譜が、簡単に作成できます。

　ただもし、このスマートグリッドを表示したくない、あるいはカーソルを移動してもスマートグリッドが表示されない、という場合は、[ツール]メニューの[グリッド吸着]を確認します。

　スマートグリッドを表示したい場合はオン（左のアイコンが点灯した状態）に、表示したくない場合はオフ（アイコンが消灯した状態）にします。オンとオフはメニューを選択するごとに切り替えることができます。ツールバーの[グリッド吸着]をクリックして、オンとオフを切り替えることもできます。

> **ヒント！**　[グリッド吸着]をオフにすると、記号を自由な位置に配置することができます。ただし通常はオンにしておくことをオススメします。

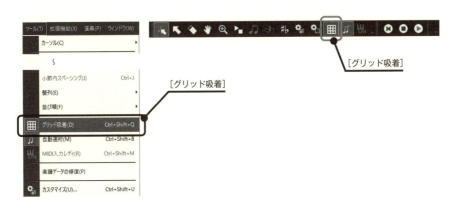

■入力時のポイント

　1点記号、2点記号、どちらの場合も、音符に付随する記号の場合は目的の音符がピンク色に変化するポイントでクリックします。

音符に付随する記号の場合

　それに対して小節に付随する記号の場合は、記号を入力したい小節が青い□で囲まれるポイントで、位置を調整して入力します。

小節に付随する記号の場合

　次項から、各記号、それぞれの入力方法とポイントを説明していきます。

タイ　Pro Std Lite

　タイは、隣り合った同じ高さの音符をつなぐ弧線で、つながれた2つの音符は切れ目なく演奏されます。

　タイは［お気に入り］パレットから入力できます。

> **ヒント！** タイは［記号］パレットの［タイ／スラー］に分類されています。

　タイは2点記号ですが、始点をダブルクリックするだけで簡単に入力できます。タイでつなぎたい1つ目の音符がピンク色に変化するポイントで上下にカーソルを移動すると、タイの向きが上または下向きになります。入力したい向きのタイが表示されたポイントでダブルクリックします。

> **注意** 異なる高さ、異なる声部の音符をタイでつなぐことはできません。

■繰り返しをまたぐタイ

　繰り返し括弧や、ちょっと離れたコーダ・パートの先頭の音符をタイでつなぎたい場合は、2点記号の基本手順、「始点をクリックしたあと終点をクリック」で入力できます。ポイントは、必要な繰り返し括弧やコーダを指示する記号の入力、コーダ・パートの五線を切り離したい場合は［段落の分割］を先に実行しておくことです。

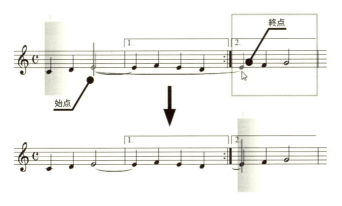

　入力したタイは自動で分割され、前半のタイは非表示になります。

> **ヒント！** 分割されたタイを選択したい場合は、タイの右端にカーソルを合わせてクリックします。

スラー Pro Std Lite

　スラーも、タイと同じ［お気に入り］パレットから入力できます。
　タイと見た目は似ていますが、スラーの場合は異なる高さの複数の音符をつなぎ、つないだ音符をなめらかに演奏することを指示します。

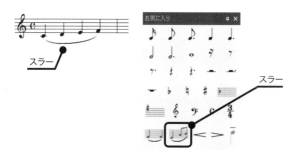

> **ヒント** スラーは、タイと同じ［記号］パレットの［タイ／スラー］に分類されています。

> **ヒント** 同じ声部に入力された同じ高さの２音間にスラーを入力すると、自動でタイに変換されます。スラーとして入力したい場合は、[Shift]キーを押しながら入力します。

　スラーは２点記号です。始点にある音符がピンク色に変化するポイントで上下にカーソルを移動し、スラーの始点を符頭側、符尾側、どちらにするかを決めてからクリックします。

> **ヒント** 始点位置にある音符がピンク色に変化するポイントで上下にカーソルを移動すると、スラーの向きが上または下向きになります。入力したい向きのスラーが表示されたポイントでクリックします。

> **ヒント** 終点をクリックしたときに、そのまま指を離さず上下にドラッグすると、スラーのふくらみ具合を調整することができます。

■スラーの形を調整する

キレイな楽譜にこだわると、ときとしてスラーの形を調整したいことがあります。入力したスラーの形はあとから自由に調整できます。

手順

1 ツールバーから［選択カーソル］をクリックして選択します。
2 形を調整したいスラーをクリックして選択します。

ヒント! スラーが黄色く変化するポイント（両端どちらか）をクリックします。

3 スラーが選択され緑色で表示され、スラーを囲むように4つの□が表示されます。
4 図を参照し、□をドラッグして形を調整します。

ヒント! □をクリックして選択したあと、Shift＋矢印キーでも調整できます。

■スラーの向きを反転する

上記の手順で□をドラッグして反転することもできますが、この場合は、入力しなおすほうが簡単です。同じ範囲に入力しなおすと、先に入力していたスラーが削除され、新しく入力したスラーに置き換わります。

ヒント! 手動での調整を取り消してもとに戻したい場合も、入力しなおすのが簡単です。

■スラーの垂直位置を調整する

スラー全体の垂直位置を調整したい場合は、［選択カーソル］でスラーをクリックして選択したあと、Shiftキーを押したまま、↑または↓キーを押して調整します。

ヒント! スラーが黄色く変化するポイント（両端どちらか）をクリックします。

スラーを直接ドラッグして調整することもできますが、垂直位置は少しだけ移動したい場合がほとんどです。そのため、矢印キーでの調整がオススメです。

■繰り返しをまたぐスラー

　離れた繰り返し括弧、またはコーダパートに向けてスラーを入力したいことがあります。すぐとなりの1番括弧へは通常の手順でスラーをつなぐことができますが、では2番括弧や、ちょっと離れたコーダパートへのスラーの場合は……？

　これは［プロパティ］ウィンドウを使って入力します。

　以下の手順に進む前に、必要な繰り返し括弧やコーダを指示する記号の入力、コーダ・パートの五線を切り離したい場合は［段落の分割］を実行してしておきます。

手順

1 スラーの始点となる音符をクリックしたあと、2番括弧の終点の音符をクリックし、通常の手順でスラーを入力します。

2 ツールバーから［選択カーソル］をクリックして選択します。

3 手順1で入力したスラーをクリックして選択します。

> **ヒント！** スラーが黄色く変化するポイント（両端どちらか）をクリックします。

4 ［プロパティ］ウィンドウの［分割］欄に表示されている□をクリックしてチェックを付けます。

5 2番括弧に入力されたスラーがちょうどよい位置で分割されます。

> **ヒント！** 入力した繰り返し括弧をまたぐスラーを選択、編集したい場合は、1番括弧、2番括弧、どちらの場合もスラーの右端にカーソルを合わせると黄色く変化し、クリックして選択することができます。

クレッシェンドとデクレッシェンド Pro Std Lite

クレッシェンドとデクレッシェンドは、どちらも［お気に入り］パレットに用意されています。

クレッシェンド　　　　デクレッシェンド

クレッシェンドとデクレッシェンドは２点記号です。

クレッシェンド（またはデクレッシェンド）を入力したいパートの小節が青い □ で囲まれるポイントでクリックします。また、始点から終点までドラッグするときに Shift キーを押しながら移動すると、まっすぐな記号を入力することができます。

アーティキュレーション Pro Std Lite

［お気に入り］パレットには「・（スタッカート）」と「－（テヌート）」、「＞（アクセント）」、この３種類が用意されていますが、［記号］パレットの［アーティキュレーション］には、その他にもさまざまなアーティキュレーションが用意されています。

アーティキュレーションは１点記号です。入力したい音符がピンク色に変化するポイントで上下にカーソルを移動して、垂直位置を調整し、入力したいポイントでクリックして入力します。

> **ヒント！** 記号によっては、五線に重ねて入力できないものもあります。これは、五線と重なってしまうと、読み取りづらくなるためです。

複数のアーティキュレーションを同じ音符に入力しようとすると、先に入力していたアーティキュレーションが削除されてしまう場合があります。これは、矛盾した記号がいっしょに入力されてしまうのを防ぐためです。

この場合は、２つ目の記号を入力しようとすると、先に入力されているアーティキュレーションが黄色く変化し、矛盾する記号であることが示されます。

ブレス記号 Pro Std Lite

Ｖや，などのブレス記号は、[記号] パレットの [奏法記号] に分類されています。

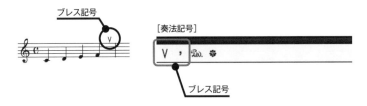

ブレス記号は1点記号です。ブレス記号を入力したいパートの小節が青い □ で囲まれるポイントでクリックします。

ペダル記号 Pro Std Lite

ペダル記号は、[お気に入り] パレットに用意されています。

ヒント！ パレット上、または下に表示される [▼] または [▲] をクリックすると、パレットをスクロールすることができます。

ヒント！ ℗ がペダル、❀ がセンツァを表します。

ヒント！ ペダル記号は、ブレス記号と同じ [記号] パレットの [奏法記号] に分類されています。

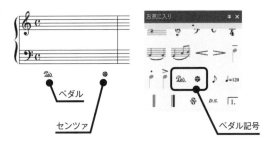

ペダル記号も1点記号です。ペダル記号を入力したいパートの小節が青い □ で囲まれるポイントでクリックします。

隣り合ったペダル記号は、水平に並んでいたほうがキレイです。スマートグリッドを目安に入力すると、キレイに揃えて入力できます。

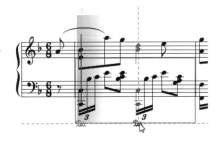

section 4　楽譜を編集する②▶音楽記号編

■ペダル記号を水平に整列する（Pro のみ）

Pro では、複数の記号をまとめて、あとから選択して整列することができます。

（手順）

1 ツールバーから［選択カーソル］をクリックして選択します。
2 ドラッグすると表示される□で、整列したいペダル記号を囲むようにして選択します。

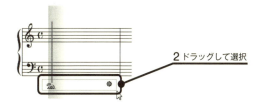

3 ペダル記号が選択され、緑色になります。
4 ［ツール］メニューの［整列］から［縦中央］を選択します。

5 選択した記号の垂直位置が、中央揃えで整列されます。

> **ヒント!** ［上］を選択すると上揃えで、［下］を選択すると下揃えで整列されます。

> **ヒント!** ［左］、［横中央］、［右］を選択すると、水平位置が選択した位置を基準に揃えて整列されます。

アルペジオ記号 Pro Std Lite

アルペジオ記号は、[記号] パレットの [アルペジオ] に分類されています。

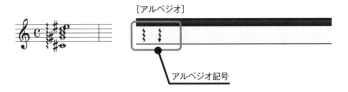

アルペジオ記号は2クリックで入力する2点記号ですが、同一五線の単一声部に入力された和音（符尾は1つ）であれば、入力ポイントをダブルクリックするだけで簡単に入力できます。

カーソルを近づけると、目的の音符（和音）がピンク色に変化し、最適な長さのアルペジオ記号が表示されます。このとき、臨時記号や加線に記号が重なってしまっていても心配ありません。そのまま気にせず、音符がピンク色に変化したポイントでダブルクリックしましょう。すると、ほらっ！ 記号の入力と同時に音符や記号の位置が自動で再調整されます。

> **ヒント** 記号の位置が調整されない場合は、[オプション] 画面の [自動スペーシング] 欄で [常に] が選択されているかどうかを確認しましょう（70ページ参照）。

> **ヒント** 矢印の付いていないアルペジオ記号では下から上に、矢印の付いた記号では上から下に、和音を分散して演奏します。

■ 五線（または声部）をまたぐアルペジオ記号

譜例のように、複数の五線または声部にまたがる和音に対して入力する場合は、記号の始点と終点をクリックして入力します。

> **ヒント** このときも、アルペジオ記号を入力したい音符がピンク色に変化するポイントでクリックします。

> **ヒント** 五線（または複数の声部）をまたぐアルペジオ記号も、正しく演奏されます。

装飾記号　Pro Std Lite

〜（プラルトリラ）や 〜（モルデント）、∽（ターン）などの装飾記号は、［記号］パレットの［装飾記号］に分類されています。

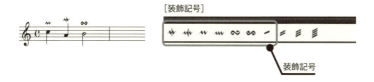

これらの装飾記号は1点記号です。入力したい音符にカーソルを近づけると、最適な位置に記号が表示されるので、クリックして入力します。

注意　装飾記号は、五線に重ねて入力することはできません。

■2音間の ∽（ターン）

2つの音符の間に ∽（ターン）を入力したい場合も、入力したい音符間でクリックするだけで入力できます。音符の間にカーソルを移動すると、両側の音符がピンク色になるポイントがあります。そのポイントで垂直位置を調整してクリックすればOKです。

注意　異なる声部に入力された2音間に ∽（ターン）を入力することはできません。

■臨時記号付きの装飾記号

上または下に臨時記号のついた装飾記号は、「ドラッグ入力」で入力します。

(手順)

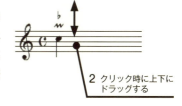

1　パレットから装飾記号をクリックして選択します。
2　装飾記号を入力したい音符がピンク色に変化するポイントで、音符の上（または下）に記号が表示される位置でクリックし、そのまま指を離さずに上下にドラッグし、希望の位置に入力したい臨時記号が表示されたら、マウスボタンから指を離します。

ヒント　左右にドラッグすると、記号の種類が変わります。

3　臨時記号の付いた装飾記号が入力されます。

■装飾記号の垂直位置

臨時記号付きの装飾記号を入力すると、五線に重なってしまうことがあります。その場合は、[選択カーソル] で垂直位置を調整します。

臨時記号が五線に重なっている

[選択カーソル] でクリックして選択したあと、上下にドラッグして位置を調整します。ほんの少しだけ移動したい場合は、Shift + ↑↓ キーでの調整が便利です。

> **ヒント** カーソルを近づけ、記号が黄色く変化するポイントでクリックすると、記号を選択することができます。

> **ヒント** ドラッグの場合も、移動方向が上下にのみ固定されているので、左右に移動してしまう心配はありません。

トレモロ記号　Pro Std Lite

トレモロ記号は、[記号] パレットの [装飾記号] に分類されています。

トレモロ記号は1点記号です。カーソルを音符に近づけると、最適な位置に選択したトレモロ記号が表示されるので、クリックして入力します。

■2音間のトレモロ記号を入力する

2つの音符の間にトレモロ記号を入力したい場合も、入力したい音符間でクリックするだけで入力できます。

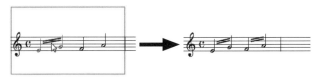

> **ヒント** このとき両側の音符は、それぞれをトレモロで演奏したい長さ（ここでは2分音符）で入力しておきます。

> **注意** 異なる声部に入力された2音間にトレモロ記号を入力することはできません。

section 4　楽譜を編集する②▶音楽記号編

トレモロ記号の垂直位置は、［選択カーソル］でクリックして選択したあと、Shift ＋
↑または↓キーで調整できます。

ヒント！ カーソルを近づけると、記号が黄色く変化するポイント（トレモロ記号の両端どちらか）
でクリックします。

このとき、両端に表示される□を上下にドラッグすると、トレモロ記号の傾きを調整することもできます。

■2音間のトレモロ記号の表示方法（Pro のみ）

Pro では、2音間に入力するトレモロ記号の表示方法を［楽譜の設定］画面で変更することができます。

注意！ Std、Lite では、2音間のトレモロ記号の表示方法を変更することはできません。

（手順）

1 ［ファイル］メニューから［楽譜の設定］を選択します。
　　またはツールバーの［楽譜の設定］ボタンをクリックします。
2 ［楽譜の設定］画面が開きます。
3 左のリストの［記譜ルール］から［連桁／トレモロ］をクリックして選択します。
4 ［トレモロ表示種類］欄でトレモロの表示方法を選択します。

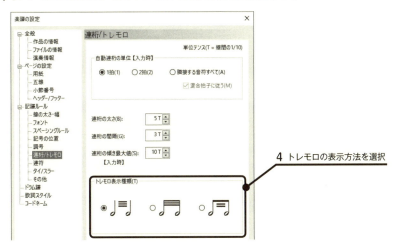

5 ［OK］をクリックして画面を閉じます。
6 2音間に入力したトレモロ記号が、選択した方法で表示されます。

メトロノーム記号 Pro Std Lite

メトロノーム記号は、[お気に入り] パレットに用意されています。パレットで選択したあと、[プロパティ] ウィンドウで詳細を設定してから入力します。

> **ヒント！** メトロノーム記号の修正も、[プロパティ] ウィンドウでおこないます。

> **ヒント！** パレット上、または下に表示される [▼] または [▲] をクリックすると、パレットをスクロールすることができます。

手順

1 パレットからメトロノーム記号をクリックして選択します。

2 [プロパティ] ウィンドウの [基準の音符] 右の [4分音符] をクリックし、表示されるリストから音符を選択します。

> **ヒント！** [基準の音符] に付点を付けたい場合は、さらに [基準音符の付点] の [なし] をクリックして [・] を選択します。

3 [値1] に数値を入力し、**Enter** キーで確定します。

> **ヒント！** Pro の場合は [値1] と [値2] 2つの欄があり、それぞれに異なる数値を入力すると、「♩=100~120」のようなメトロノーム記号が入力できます。

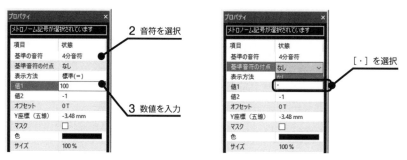

4 カーソルを楽譜の上に移動すると、の先に設定したとおりのメトロノーム記号が青色で表示されます。

5 メトロノーム記号を入力したい位置でクリックします。

> **ヒント！** このとき、メトロノーム記号を入力したい位置にある小節が青い□で囲まれるポイントでクリックします。

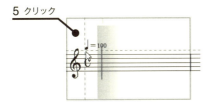

5 クリック

6 クリックした位置に、メトロノーム記号が入力されます。

■「♩=♩.」（リステッソ・テンポ）（Pro のみ）

［記号］パレットの［メトロノーム記号］には、他にもいろいろなタイプのメトロノーム記号が用意されています。また、バージョン7からは、曲の途中で拍子が変わるときに用いられる［♩=♩.（リステッソ・テンポ）］も入力できるようになりました。

リステッソ・テンポ

> **ヒント！** 「リステッソ・テンポ（l'istesso tempo）」とは、もとの拍子の1拍の長さと、新しい拍子の1拍の長さが等しいこと表す音楽記号です。

> **注意！** Lite と Std では、リステッソ・テンポを入力することはできません。

（手順）

1 ［記号］パレットの［メトロノーム記号］から［♩=♩.（リステッソ・テンポ）］をクリックして選択します。

2 ［プロパティ］ウィンドウの［基準の音符］と［右側の音符種類］欄をクリックすると表示されるリストから、音符を選択します。

> **ヒント！** ［基準音符の付点］または［右側付点］欄で、それぞれの音符に付ける付点（［なし］または［・］）を選択できます。

3 以降の手順はメトロノーム記号の場合と同じです。入力したい位置でクリックして入力します。

> **ヒント！** このとき、記号を入力したい位置にある小節が青い□で囲まれるポイントでクリックします。

反復小節線 Pro Std Lite

反復小節線は、[記号] パレットの [小節線] に分類されています。反復小節線は1点記号です。

> **ヒント！** カーソルを小節線に近づけると、スッと吸い寄せられます。

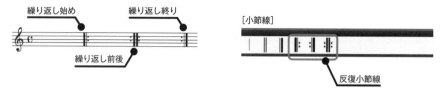

ただ、反復小節線は、[プロパティ] ウィンドウから入力したほうが簡単かもしれません。

[選択カーソル]で小節線をクリックして選択したら、[プロパティ] ウィンドウの [小節線種類] 欄で入力したい反復小節線を選択するだけで入力できます。

> **ヒント！** [小節線種類] には [複縦線] や [終止線] も用意されています。

ぷらす１ポイント

段落の変わり目に反復小節線を入力しようとすると、直前の段末（または直後の段頭）に入力した反復小節線が消えてしまう、ということがあります。

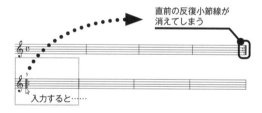

こういうときは、段末と段頭の反復小節線を別々に入力するのではなく、どちらか一方に [繰り返し前後] の反復小節線を入力します。すると、段末には [繰り返し終り] が、直後の段頭には [繰り返し始め] が、同時に入力されます。

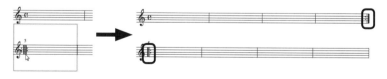

section 4　楽譜を編集する②▶音楽記号編

反復記号 Pro Std Lite

繰り返しを指示するD.C.やD.S.、𝄋、コーダへの移動を示すto ⊕、⊕Codaなどの反復記号は、[記号]パレットの[反復記号]に分類されています。[お気に入り]パレットにも、D.S.、𝄋が用意されています。

[反復記号]

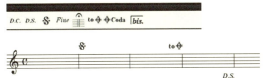

「bis」以外の反復記号はすべて1点記号です。カーソルを五線に近づけると、最適な位置に選択した反復記号が表示されるので、クリックして入力します。

ヒント！ 反復記号を入力したい小節が青い□で囲まれるポイントでクリックします。

ヒント！ 「D.C.」、「D.S.」、「Fine」は右小節線の下に、「𝄋」、「⊕Coda」は左小節線の上に、「to ⊕」は右小節線の上にスッと吸い寄せられます。

ヒント！ 複数の五線を持つ楽譜では、五線左が括弧で連結されたグループごとに、「𝄋」、「⊕Coda」「to ⊕」は一番上の五線上に、「D.C.」、「D.S.」、「Fine」は一番下の五線下に入力されます。

■「bis」

ポップスやジャズなどの楽譜で使われる「bis」は、2点記号です。始点と終点をクリックして入力します。

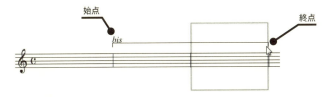

ヒント！ ダブルクリックすると、1小節分のbisを入力することができます。

ヒント！ bisで囲んだ小節は、2回繰り返して演奏されます。また入力したbisを選択して、[プロパティ]ウィンドウで繰り返し回数を指定することもできます。

繰り返し括弧 Pro Std Lite

［お気に入り］パレットには、1番括弧と2番括弧が用意されています。

> **ヒント！**［記号］パレットの［繰り返し括弧］には1～6番までの括弧が用意されています。

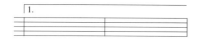

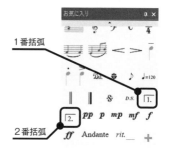

1番括弧
2番括弧

繰り返し括弧は2点記号です。始点と終点をクリックして入力します。このとき、繰り返し括弧の左端は、小節の左端にピッタリと揃えられるので、2回目のクリック時は、終点になる小節の右端に合わせてクリックするとよいでしょう。

> **ヒント！** ダブルクリックすると、1小節分の長さの括弧が入力できます。

> **ヒント！** 入力の前に、［プロパティ］ウィンドウの［数］欄で、括弧に表示する数字を編集しておくこともできます。

> **ヒント！** 複数の五線を持つ楽譜では、繰り返し括弧は五線左が括弧で連結されたグループの最上段の五線上に入力されます。

■繰り返し括弧を閉じる

繰り返し括弧の右端を閉じたい場合は、［プロパティ］ウィンドウで設定します。

［選択カーソル］で繰り返し括弧をクリックして選択し、［プロパティ］ウィンドウの［閉じる］欄右の□をクリックしてチェックを付けるだけ。これで、繰り返し括弧の右端が閉じます。

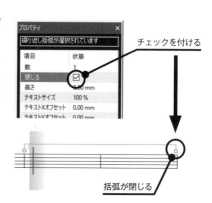

チェックを付ける

括弧が閉じる

> **ヒント！** 入力前に設定しておくこともできます。

■繰り返し括弧の垂直位置を調整する

括弧の垂直位置は、あとから調整することができます。

［選択カーソル］で繰り返し括弧をクリックして選択したあと、[Shift]キーを押しながら[↑]または[↓]キーを押して調整します。

section 4　楽譜を編集する②▶音楽記号編

運指番号　Pro Std Lite

　運指番号は、[記号]パレットの[運指記号]に分類されています。一見1点記号のように思いますが、初期設定では2回のクリックで入力する、ちょっと変則的な2点記号になります。

手順

1 パレットから運指番号をクリックして選択します。

2 カーソルを移動し、運指番号を付けたい音符がピンク色に変化するポイントでクリックします。

> **ヒント！** 1回目のクリックでは、運指番号を付ける音符を指定するだけで、まだ、運指番号は入力されません。

3 ▷の先に表示される運指番号を入力したい位置に合わせ、クリックします。

> **ヒント！** クリック時に、そのまま指を離さず上下にドラッグすると、入力する運指番号を選択することができます。

> **ヒント！** 音符の上下だけでなく、左右にも入力できます。

4 2回目のクリックで入力される

4 2回目にクリックした位置に、運指番号が入力されます。

> **ヒント！** 入力したあとから、ドラッグ、または Shift ＋矢印キーで位置を調整することもできます。

ぷらす1ポイント

　2回もクリックするのはメンドウ。1回のクリックで入力したいという場合は、[オプション]画面で設定します。

　[ツール]メニューから[オプション]を選択して[オプション]画面が開いたら、左のリストの[全般]から[編集]をクリックして選択します。

　[運指記号の入力方法]欄で[1クリック]を選択すれば、以降、運指番号は1回のクリックで入力できるようになります。

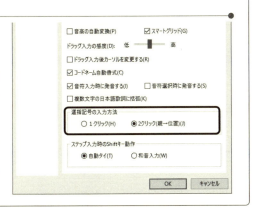

省略記号 Pro Std Lite

𝄍、𝄎、𝄏 などの省略記号は、［記号］パレットの［省略記号］に分類されています。

省略記号は、1 点記号です。カーソル先に表示される省略記号を入力したい位置に合わせ、クリックして入力します。

> **ヒント！** 省略記号を入力した小節では、入力した記号に応じて、直前の 1 小節（または 2 小節、4 小節）が繰り返して演奏されます。

ぷらす 1 ポイント

特にパーカッション譜などでは、省略記号が続くことがよくあります。そういう場合は、1 つの省略記号を入力したら、あとはコピーを利用してサクッと入力してしまいましょう。

このときのポイントは、コピーもと、コピー先ともに、「小節単位で選択すること」、それから「コピーする省略記号に合わせて、1 小節、2 小節、4 小節単位で選択すること」です。

小節を選択するには、小節内をダブルクリックします。小節が選択され、オレンジ色になります。

複数の小節を選択したい場合は、先頭小節を選択したあと、Shift キーを押しながら最終小節をダブルクリックします。

あとは、［編集］メニューの［コピー］、［貼り付け］を実行すれば OK です。

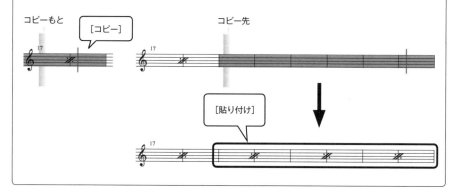

3 ［発想標語］パレットから入力する

次は［発想標語］パレットを使った入力です。

［発想標語］パレットでは **f** や **p** などの強弱記号、**tr** や **8va** ラインなどの他、「**Largo**」や「**Allegro**」といった速度標語などが入力できます。これらの記号も Lite では認識できないものがほとんどです。必要に応じて、パレットから入力します。

［発想標語］パレットを開く　Pro Std Lite

タブにカーソルを合わせて［発想標語］パレットを開きましょう。たくさんの用語が並んでいますね。

この［発想標語］パレットには、Pro では、310 種類（Std、Lite では 61 種類）ものプリセットが用意されています。しかも、これらのプリセットには、それぞれに最適なプレイバック設定がすでに設定されているので、パレットから選択して入力するだけで、より楽譜をリアルに演奏できる、というわけです。

> **ヒント！** パレットは、右側のスクロールバーをドラッグ、またはマウスのホイール操作でスクロールすることができます。

入力手順は［記号］パレットの記号と同じです。やはり、「1 点記号」と「2 点記号」があります（📖 **section 4**「記号の入力手順」〔90 ページ〕参照）。

目的の発想標語を効率よく探す　Pro Std Lite

ところで、記号を入力するためには、このたくさんのプリセットの中から目的のものを探し出さなくてはなりません。目的の発想標語を効率よく探すためには、いくつかの方法があります。

■文字を入力する

目的の記号がわかっている場合は、これが一番手っ取り早いでしょう。

パレット上部の□に目的の用語を入力します。文字をタイプするごとに、入力した文字を含むプリセットだけに絞られていきます。

ヒント！ 左のメニューをクリックすると、[部分一致] と [前方一致] を選択することができます。

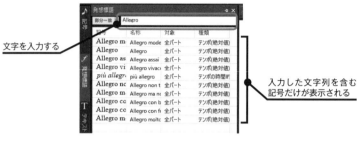

記号が全部表示しきれていない場合は、項目間の境界線にカーソルを合わせ、カーソルが ✛ になる位置で左右にドラッグすると、項目の表示幅を広げることができます。

ヒント！ 同様にパレットの右端をドラッグして、パレットの幅を広げることもできます。

また、ヘッダー上で右クリックして、必要のない項目のチェックを外して隠すと、各項目の表示幅が広がります。

■表示項目を絞る

発想標語のリストは、用語の演奏効果を反映する対象や、演奏効果のタイプによって、表示項目を絞ることができます。

発想標語は、その演奏効果を反映する対象によって3つに分けられます。1つ目は、*sf* や *tr* のように、入力した**音符**にのみ演奏効果が有効になるもの。2つ目は、*f* や *p* など、**特定**パートに対してのみ有効なもの。そして3つ目は、**Largo** や **Allegro** など、**全**パートに対して有効なものです。

[対象] 欄にカーソルを合わせると表示される [▼] をクリックし、上記で上げた3つの項目 [音符]、[特定パート]、[全パート] から希望の項目をクリックしてチェックを付けます。すると、選択したタイプの記号だけが表示されるようになります。

section 4　楽譜を編集する②▶音楽記号編

[種類]欄では演奏効果のタイプによって絞ることができます。[対象]の場合と同様に、カーソルを合わせて[▼]をクリックすると、リストが表示されます。

> **ヒント！** 項目を選択するとヘッダー欄にチェックが付き、表示項目が絞られていることが示されます。

> **ヒント！** 項目のチェックを外すと、すべてのリストが表示されるようになります。

では、実際の入力手順と検索のヒントを見ていきましょう。まずは強弱記号から。

強弱記号　Pro Std Lite

強弱記号は、[種類]欄で[強弱(絶対値)]を選択して絞るとリストアップされます。主なものは[お気に入り]パレットにも用意されています。

1点記号です。パレットから記号を選択したら、☝の先に表示される強弱記号を入力位置に合わせてクリックします。

音符単位で入力する記号の場合は、対象の音符がピンク色に変化するポイントで垂直位置を調整し、クリックします。パート単位で入力する記号の場合は、対象パートの小節が青い□で囲まれるポイントで上下・左右の位置を調整し、クリックします。

> **注意！** ⊘マークが表示される位置では入力できません。

> **ヒント！** 記号を入力した位置から、その演奏効果が反映されます。

> **ヒント！** スマートグリッドを利用すると、前後、上下の関連する記号と位置を揃えて入力できます。

tr（トリル） Pro Std Lite

tr は、[種類] 欄で [トリル] を選択するとリストアップされます。tr は、2点記号です。パソコンキーボードの Shift キーを押しながら始点から終点に向けてカーソルを移動すると、まっすぐな波線が引けます。

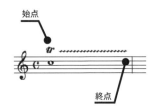

ヒント！ 始点をクリックするときは、対象となる音符がピンク色に変化するポイントでクリックします。

■波線の付かない tr を入力する（Pro のみ）

Pro では、波線の付かない tr をあらたに作成して入力することができます。

パレットで tr を選択したら、パレット左下の [新規] をクリックすると、[発想標語の設定] 画面が開きます。選択していた tr が複製されるので、一番上の □ で tr の後ろに挿入された「のコピー」を削除し、[線の形状] 欄で [なし] を選択します。

[OK] をクリックして画面を閉じると、パレットに作成した波線の付かない tr がリストアップされます。波線の付かない tr は1点記号になります。

ヒント！ [発想標語の設定] 画面については、このあとの 📖「線の種類と詳細を設定する」（116 ページ）も参照してください。

グリッサンド記号 Pro Std Lite

[種類] 欄で [グリッサンド] を選択するとリストアップされます。グリッサンドもトリルと同じ2点記号です。始点と終点をクリックして入力します。

注意 🚫マークが表示される位置では入力できません。

ヒント！ 終点または始点のどちらか一方であれば、音符のない位置をクリックして指定することもできます。

8va 記号 Pro Std Lite

　8va や 15ma は、[種類] 欄で [音の高さ（加算量）] にチェックを付けるとリストアップされます。

　2点記号です。始点から終点に向けてカーソルを移動するときは、パソコンキーボードの Shift キーを押しながら移動すると、まっすぐな線が引けます。

> **ヒント!** 8va は1オクターブ上（または下）で演奏することを、15ma は2オクターブ上（または下）で演奏することを指示する発想標語で、五線の上（または下）に表記します。

> **注意!** ⊘マークが表示される位置では入力できません。

速度変化、強弱変化の記号 Pro Std Lite

　cresc. や rit.、accel. などは、パレット上部の□に文字を入力して検索するのが早いでしょう。

　後ろに線が付いているものは2点記号、付いていないのは1点記号です。

　速度変化の記号後ろの線は水平に固定されているので、カーソルを移動するだけでまっすぐに入力することができます。強弱変化の線は固定されていないので、まっすぐ入力したい場合は、パソコンキーボードの Shift キーを押しながらカーソルを移動します。

　線付きの記号の場合は、入力した線の位置までその演奏効果が反映されます。

> **ヒント!** 後ろに線の付かない記号では、次に強弱指示、または速度指示の記号が入力されている位置まで、その演奏効果が反映されます。そのため、必要に応じて任意の位置に変化を取り消す強弱記号や速度標語を入力しておきます。

　速度変化の記号と強弱変化の記号の違いは、その入力位置です。複数の五線を持つ楽譜では、速度変化の記号は括弧でくくられたグループ内で一番上の五線に入力されます。それに対して強弱変化の記号は、入力した任意の五線にのみ表示されます。演奏効果も同じです。

■ 線の種類と詳細を設定する

記号後ろの線は、その形状やスタイル、太さなどを自由に設定することができます。

［選択カーソル］で入力した強弱変化（または速度変化）をクリックして選択します。

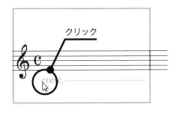

ヒント！ 記号が黄色く変化するポイント（両端どちらか）をクリックします。

［プロパティ］ウィンドウの［詳細設定］欄右の［設定］をクリックすると、［発想標語の設定］画面が開きます。

ヒント！ ［詳細設定］欄は、［プロパティ］ウィンドウの下のほうに用意されています。

ヒント！ Std と Lite には［詳細設定］欄はありませんが、［プロパティ］ウィンドウの［線の太さ］欄などで直接編集することができます。

［発想標語の設定］画面の［線の形状］欄では［なし］、［直線］、［波線］または［太い波線］が選択できます。特定パートや音符に有効な発想標語では、［スラー］や［曲線］も選択できます。

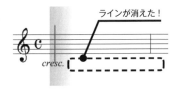

ヒント！ ［線の形状］で［なし］を選択すると、後ろに線の付かない記号になります。

注意 Std、Lite では［プロパティ］ウィンドウで操作しますが、線を消すことはできません。

［線の形状］で［なし］または［太い波線］以外を選択すると、［線スタイル］で［実線］、［点線］、［破線］が選択でき、線の太さを設定できます。さらに［線の形状］欄で［破線］を選択すると、1つ1つの破線の長さやその間隔まで細かく設定することができます。

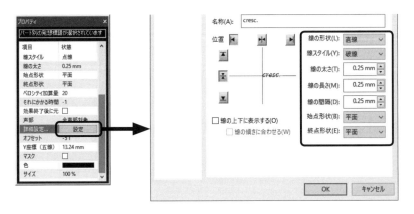

速度標語を入力する

　［**Andante**］などの速度標語も、パレット上部の□に文字を入力して検索するのが早いでしょう。

　速度標語は１点記号です。速度標語の演奏効果を反映したい先頭小節が青い□で囲まれるポイントで、上下・左右の位置を調整してクリックします。

> **ヒント！** 記号を入力した位置から、すべてのパートに対してその演奏効果が反映されます。

> **ヒント！** 五線先頭の速度標語は、拍子記号と左揃えで配置するとキレイです。

> **ヒント！** [Shift]＋矢印キー、またはドラッグして速度標語を移動することができます。

■速度標語の文字を修正する

　［発想標語パレット］から入力した記号の文字は、［プロパティ］ウィンドウで修正できます。

　［選択カーソル］で発想標語を選択し、［プロパティ］ウィンドウの［テキスト］欄で文字を修正します。パソコンキーボードの[Enter]キーを押すと、確定され、選択していた速度標語に反映されます。

文字を修正する

> **ヒント！** この手順では、楽譜に入力した記号だけが編集され、パレットの文字は編集されません。

ぷらす１ポイント

　楽譜先頭の速度標語は、拍子記号の左端に揃えて入力すると、きれいです。ところが、スマートグリッドでは横のガイドしか表示されません。

　こんなときは「ガイドライン」を表示しましょう。［表示］メニューの［ガイドライン］をオン（メニュー横のアイコンが点灯した状態）にするか、またはツールバーの［ガイドラインの表示／非表示］ボタンをクリックしてオンにします。すると、選択した速度標語の左端に合わせて、赤いラインが縦横に表示されます。これなら左揃えもサクッとできますね。

［ガイドラインの表示／非表示］ボタン

記号を表示するパートの設定 Pro Std Lite

　速度標語など、全パートに対して入力する発想標語をはじめ、この section の前半で説明した［記号］パレットから入力するメトロノーム記号、繰り返し括弧、反復記号などは、初期設定では最上段のパートの五線の上に表示されます。（Fine など、通常五線の下に記述する記号は、最下段のパートの五線下に表示されます。）

　また五線の左側が括弧でくくられている楽譜の場合は、括弧でくくられたグループごとに、それぞれの最上段のパートに表示されます。

> **ヒント！** 任意の1パートで入力（または削除）すると、自動的にすべてのパートで表示（または削除）されます。

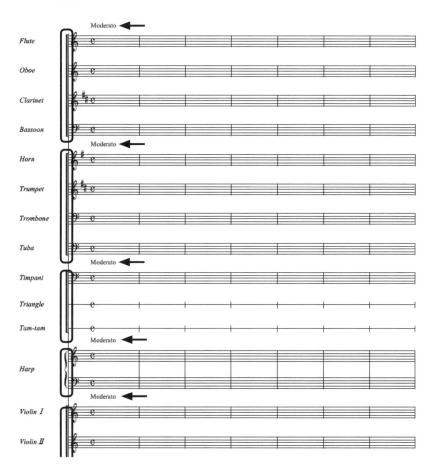

section 4　楽譜を編集する②▶音楽記号編

■記号を表示するパートを変更する（Pro のみ）

Pro では、これらの記号をすべてのパートに表示したいなど、表示するパートを変更したい場合、パートの［プロパティ］で設定することができます。

> 注意　Lite と Std では、記号を表示させるパートを変更することはできません。

（手 順）

1 ツールバーから［選択カーソル］をクリックして選択します。

2 記号を表示したい（または表示したくない）パートの五線左の余白部分をダブルクリックします。

3 目的のパートの五線全体が選択され、［プロパティ］ウィンドウには選択したパートのプロパティが表示されます。

> ヒント！　すべてのパートに表示したい場合は、［編集］メニューの［全体を選択］を選択し、全パートの五線を選択しておきます。

> ヒント！　［プロパティ］ウィンドウ上部には、選択されているもの（ここではパート）が表示されます。

4 ［記号の表示・非表示］欄の［設定］をクリックします。

5 ［記号の表示設定］画面が開きます。

> ヒント！　画面上には選択しているパート名が表示されます。

6 目的の記号の［表示］（表示したくない場合は［非表示］）欄にある○をクリックして選択します。

> **ヒント** 初期設定では、すべての記号で［括弧に従う］が選択されています。

> **ヒント** ［全て表示］（または［全て非表示］）をクリックすると、すべての記号の［表示］（または［非表示］）欄の○が一度に選択できます。

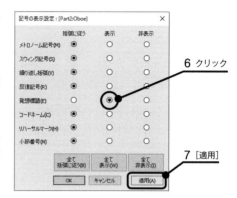

7 ［適用］をクリックします。

> **ヒント** ［適用］をクリックすると、画面を閉じずに変更内容を楽譜に反映して確認することができます。

8 選択していたパートに記号が表示されます（または非表示になります）。

9 設定が確認できたら、［OK］をクリックして画面を閉じます。

> **ヒント** 手順1で、複数のパートを選択しておく（Ctrlキーを押しながらダブルクリックする）と、記号の表示（または非表示）を一括で変更することができます。

> **注意** 複数のパートを選択した場合、［記号の表示設定］画面の上のバーに選択しているパート名は表示されません。

section 5

楽譜を編集する③

▼テキスト編

1 [テキストパレット] と [注釈パレット]

歌詞やコードネーム、タイトルなど、楽譜で使う文字の入力や編集には、[テキストパレット] を使用します。また、楽譜に自由にコメントなどを書き込むには、[注釈パレット] を使うと便利です。

[テキストパレット] Pro Std Lite

[テキスト] と書かれたタブにカーソルを合わせると、[歌詞] や [コードネーム]、[タイトル] など、楽譜に必要な文字がリストアップされた [テキストパレット] が開きます。

ここから入力したいテキストの種類、たとえば [歌詞] を選択すると、歌詞を修正したり、あらたに入力したりすることができます。

[テキストパレット]

[注釈パレット] Pro Std Lite

[注釈パレット] を使って注釈機能を利用すれば、楽譜に書き込みができるだけでなく、自分のパートにだけ色を付けたり、さまざまなイラストのスタンプを押したりすることもできます。

[注釈パレット] も [記号] パレットと同様に、グレーのバーをクリックすると、各カテゴリーを閉じたり開いたりすることができます。

[注釈パレット]

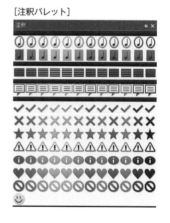

section 5　楽譜を編集する③▶テキスト編

2　歌詞

歌詞は［テキストパレット］から入力します。

また、歌詞は音符に沿って入力する文字です。あらたに歌詞を入力したい場合は、必要な音符を入力してから下記手順に進んでください。

特にLiteをお使いの場合、歌詞を認識することができません。そのため、スキャナを使って楽譜を読み込んだ場合も、歌詞はあとから入力する必要があります。

歌詞を入力する（日本語の場合）　Pro Std Lite

歌詞は、日本語の場合と欧文の場合とで、歌詞を伸ばして歌うときの音引き線の入力など、手順が少し異なります。まずは日本語の歌詞を入力する手順から説明します。

▶手順

1　パソコンの入力モードを「日本語入力モード」にします。
2　［テキストパレット］から［歌詞］をクリックして選択します。

　　注意　Proの場合、ここで［歌詞入力パネル］が開くことがあります。その場合は、右上の「×」をクリックしてパネルを閉じてから以下の手順に進んでください。

3　カーソルを楽譜の上に移動すると、矢印から鉛筆の形に変わります。
4　歌詞を入力したい位置にカーソルを移動すると、音符がピンク色に変化するポイントがあります。
　　このポイントでクリックします。

5　クリックした位置にカーソル「｜」が点滅します。

6 パソコンキーボードで歌詞を入力し、必要であれば変換しておきます。

> **ヒント** 長音「ー」は、他の文字と同様に[ー]キーを押して入力します。

7 [Enter]キーを押して確定すると、歌詞が入力され、カーソルが次の音符の下に移動し、入力した歌詞を囲むように図形が表示されます。これは「歌詞リボン」といい、同じ番数の歌詞は、この中に入力していきます。

> **ヒント** 休符は飛ばされます。

> **ヒント** 歌詞リボンが表示されない場合は、[表示パネル]の[記号]右の[▼]をクリックしてパネルを開き、[歌詞リボン]をクリックしてチェックを付けると表示されます。

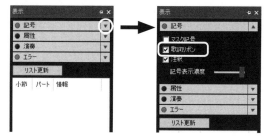

8 必要なだけ、手順6～7を繰り返します。

> **ヒント** [BackSpace]キーを押すと、直前の歌詞の後ろに入力位置を示すカーソルが戻ります。

9 入力が終わったら、歌詞リボンの外をクリックします。

10 歌詞入力モードから抜けます。

> **ヒント** 歌詞リボンは、[選択カーソル]や音符など、他のアイテムを選択すると表示されなくなります。

■日本語の歌詞をまとめて入力する

日本語の歌詞の場合、1文字ずつではなく、複数の文字をまとめて入力することもできます。

手順

1 前項手順1〜5を参照し、歌詞を入力したい先頭の音符の下にカーソルを表示しておきます。

1 カーソルを表示しておく

2 パソコンキーボードで入力したい文字をすべて入力します。

> **ヒント！** まだここでは Enter キーを押して確定しません。

> **ヒント！** 長音「ー」を入力したい位置では、必要な数だけ長音「ー」を入力しておきます。

> **注意！** 入力した文字がすべて表示されない場合があるかもしれませんが、きちんと記憶されているので、気にせずに入力します。

3 Ctrl キーを押しながら Enter キーを押します。

4 手順2で入力しておいた文字が1文字ずつ、音符に割り当てられます。

> **ヒント！** 休符は飛ばされます。

歌詞を入力する（欧文の場合） Pro Std Lite

　欧文の歌詞の場合も、基本的な入力手順は日本語の場合と同じです。違うのは次の３つの点です。

①入力モードを「半角英数入力モード」に

　当然ですが、欧文の歌詞を入力するときは、手順１で入力モードを「半角英数入力モード」にしておきます。

②スペースキー、または[-]キーで移動

　日本語の歌詞では[Enter]キーを押してカーソルを移動しましたが、欧文の歌詞ではスペースキーで移動します。

　また、1つの単語を音節で分けて複数の音符にまたがって歌う場合、音節間を「-（ハイフン）」で区切って記します。「-（ハイフン）」を入力したい箇所では、[-]キーを押すとカーソルが次の音符に移動すると同時に、移動したカーソルの左側に「-（ハイフン）」が挿入されます。

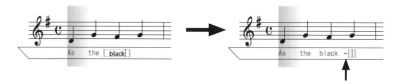

③「＿＿＿（音引き線）」を入力する場合

　歌詞を伸ばして歌うところでは、長いアンダーバーのような音引き線「＿＿＿」を使用します。この音引き線は、[Ctrl]+[_]キーを押して入力します。

　音引き線直前の歌詞を入力したら、[Ctrl]+[_]キーを押して、音引き線を入力したい最後の音符まで移動すると、移動した音符の下に音引き線が入力されていきます。

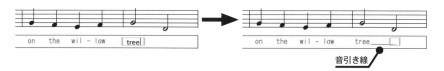

音引き線

　必要な長さの音引き線が入力できたら、スペースキーを押して次に歌詞を入力したい音符に移動し、続けて歌詞を入力します。

> **ヒント！** 上記の手順で、日本語の歌詞の場合にも音引き線「＿＿＿」を入力することができます。

section 5　楽譜を編集する③▶テキスト編

［歌詞入力パネル］を利用する　Pro

　Proでは、［テキストパレット］の［歌詞］をクリックして選択すると、いろいろな文字ボタンの並んだ［歌詞入力パネル］が開きます。パソコンのキーボードをタイプする代わりに、このパネルから文字を選択して歌詞を入力していくこともできます。

注意　StdとLiteには［歌詞入力パネル］はありません。

ヒント　［歌詞入力パネル］は、［テキストパレット］の［歌詞］を選択しているときのみ、［表示］メニューの［パレット／パネル］から［歌詞入力パネル］を選択すると表示されます。

［歌詞入力パネル］

　ただ、「文字はやっぱりパソコンキーボードから入力するほうが慣れている」という方も多いでしょう。
　でも、ちょっと待って。このパレットにはとても便利な点があるのです。それは、「ü」や「é」、「æ」といった欧文の特殊文字を入力したい場合です。
　パソコンキーボードからこれらの文字を入力するには、パソコンの設定を変更したり、あるいは「文字コード表」が必要だったり……、なかなかタイヘンです。でもこの［歌詞入力パネル］を使えば簡単。［アルファベット］タブにはこういった特殊文字も用意されているので、クリックして選択するだけで簡単に入力できます。
　これなら特殊な文字を含んだ欧文の歌詞もサクッとラクに入力できますね。

ヒント　Shiftキーを押すと、パネルに表示される文字も大文字に変わります。

2番以降の歌詞を入力する　Pro Std Lite

スコアメーカーでは、必要な数だけ何番まででも歌詞を入力することができます。

手順

1 [テキストパレット]から[歌詞]をクリックして選択します。
2 カーソルを楽譜の上に移動すると、 から鉛筆の形 に変わります。
3 歌詞を入力したい位置にカーソルを移動すると、音符がピンク色に変化するポイントがあります。
このポイントで上下にカーソルを移動して位置を調整し、すでに入力されている歌詞（または歌詞リボン）の下でクリックします。

4 カーソルが2番の歌詞の位置で点滅します。

5 あとは1番と同じ手順で歌詞を入力します。

ヒント! 最初の歌詞を入力して次の音符に移動すると、新しい歌詞リボンが作成されます。

ヒント! 歌詞リボンは、番数ごとに違う色で表示されます。

section 5　楽譜を編集する③▶テキスト編

歌詞を修正する　Pro Std Lite

歌詞の入力ミスを見つけたら、その部分だけ歌詞を修正します。

[テキストパレット]から[歌詞]を選択し、で修正したい歌詞をクリックします。

クリック

ヒント！ 歌詞が赤い□で囲まれるポイントでクリックします。

すると歌詞リボンが表示され、クリックした歌詞が選択され反転表示されるので、正しい歌詞を入力しなおせば OK です。

また、歌詞の修正は[選択カーソル]でもできます。この場合は、修正したい歌詞をダブルクリックすれば選択、反転表示され、修正できるようになります。

■[歌詞一覧]パネル（Pro のみ）

Pro では、このバージョンから入力した歌詞を一覧として表示する[歌詞一覧]パネルが追加されました。この[歌詞一覧]パネルは、[表示]メニューの[パレット／パネル]から[歌詞一覧パネル]を選択すると開くことができます。

注意 Std と Lite には[歌詞一覧]パネルはありません。

[パート]欄で歌詞の一覧を表示したいパートを選択し、[リボン]を選択すると、選択したパート・リボンの歌詞が一覧として表示されます。

[歌詞一覧]パネルのリストで、歌詞をクリックすると、選択した歌詞位置の楽譜が表示されます。また、[歌詞一覧]パネルのリストで歌詞をダブルクリックすると、楽譜上の歌詞が編集状態になります。長い曲などで、目的の歌詞を探す手間が省けます。

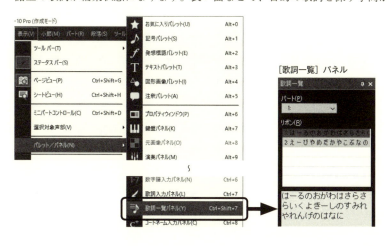

歌詞をコピーする Pro Std Lite

■リボン単位で歌詞をコピーする

合唱譜などでは、同じ歌詞を複数のパートで歌うことがあります。その場合は、歌詞を歌詞リボン単位でコピーしてしまいましょう。

「手順」

1 ツールバーから［選択カーソル］をクリックして選択します。

2 カーソルをコピーしたい歌詞の近くに合わせると、歌詞リボンが表示されるポイントがあります。そのポイントでクリックします。

> ヒント！ 歌詞リボンの左側に合わせると、すべての段の歌詞リボンが表示されるポイントがあります。そのポイントでクリックすると、すべての段の歌詞リボンを選択することもできます。

1 クリック

3 選択した歌詞リボンの上で右クリックし、表示されるメニューから［歌詞の移動またはコピー］をクリックして選択します。

4 ［歌詞の移動またはコピー］画面が開きます。

5 ［コピーを作成］をクリックしてチェックを付けます。

> ヒント！ ［コピーを作成］欄のチェックを外しておくと、選択した歌詞リボンの内容を指定したパート・歌詞リボンに移動することができます。

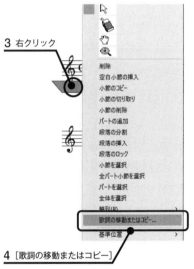
3 右クリック
4 ［歌詞の移動またはコピー］

6 ［貼り付け先のパート］でコピー先のパートを選択します。

7 ［貼り付け先のリボン］欄から、コピー先のリボンを選択します。
ここで［新規リボン］を選択すると、コピー先に新しいリボンが作成され、そこに貼り付けられます。

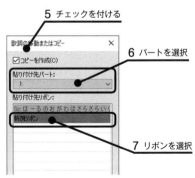
5 チェックを付ける
6 パートを選択
7 リボンを選択

8 ［OK］をクリックすると、手順2で選択していた歌詞リボンの内容が、指定したパートの選択したリボンにコピーされます。

> **ヒント！** コピー先に入力されている音符のリズムが異なる場合も、先頭の音符から順に歌詞が貼り付けられます。

■文字単位で歌詞をコピーする

（手順）

1 ツールバーから［選択カーソル］をクリックして選択します。
2 コピーしたい先頭文字をクリックして選択したあと、[Shift]キーを押しながら最終文字をクリックし、コピーしたい歌詞を選択します。

3 ［編集］メニューから［コピー］を選択します。
4 コピー先の先頭位置に、通常の手順で歌詞を入力しておきます。

> **ヒント！** あとから上書きされるので、入力する歌詞は何でもOKです。

4 歌詞を入力しておく
5 先頭の歌詞を選択

5 コピー先の先頭位置に入力した歌詞をクリックして選択します。

> **ヒント！** 歌詞の選択は、［選択カーソル］の矢印でも、［歌詞］を選択した鉛筆の状態でも、どちらでも可能です。

6 ［編集］メニューから［貼り付け］を選択します。
7 手順5でクリックした位置から順に、歌詞が貼り付けられます。

ハイフン・音引き線を削除する　Pro Std Lite

ハイフンや音引き線の削除は、[プロパティ]ウィンドウから操作すると簡単です。

手順

1 ツールバーから[選択カーソル]をクリックして選択します。

2 削除したいハイフン(または音引き線)直前の歌詞をクリックして選択します。

　注意 この場合は、必ず[選択カーソル]でクリックします。

　ヒント 歌詞が赤い□で囲まれるポイントでクリックします。

3 [プロパティ]ウィンドウの[ハイフン](または[音引き線始点])の□をクリックしてチェックを外します。

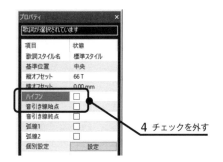

4 選択していた歌詞直後のハイフン(または音引き線)が削除されます。

　ヒント チェックを付けると、ハイフン(または音引き線)が入力されます。

section 5　楽譜を編集する③▶テキスト編

音引き線の長さを調整する　Pro Std Lite

　初期設定では、音引き線は、終点に指定した音符のすぐ下までとなります。これを次の音符（歌詞）または休符の直前まで伸ばしたい場合は、［歌詞の個別設定］画面で指定します。

　休符の位置まで伸ばしたい場合は、ダミーの音符を入力する必要があります。

> **ヒント！** 終点が音符の場合は、次ページ「音引き線の長さを調整する」に進みます。

> **注意** ダミーの音符は Lite、Std でも入力できますが、音引き線の長さを調整できるのは Pro のみになります。

■ダミーの音符を入力する

（手順）

1 音引き線の終点に指定したい位置にある休符と同じ長さの音符を、通常の手順で入力します。

> **ヒント！** 休符が黄色く変化するポイントで、同じ拍位置に入力します。

> **ヒント！** ⊘マークが表示されて入力できない場合は、［プロパティ］ウィンドウで声部を変えて入力します。

1　ダミーの音符を入力

2 ツールバーから［選択カーソル］をクリックして選択します。
3 手順1で入力したダミーの音符をクリックして選択します。
4 ［プロパティ］ウィンドウの［発音］欄のチェックをクリックして外し、［マスク］欄の□をクリックしてチェックを付けます。

> **ヒント！** これで入力したダミーの音符が楽譜に表示されず、演奏されなくなります。

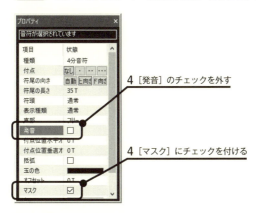
4　［発音］のチェックを外す
4　［マスク］にチェックを付ける

■音引き線の長さを調整する（Pro のみ）

(手順)

1 通常の手順で音引き線の終点に指定したい音符（または休符）の下まで音引き線を入力しておきます。
2 音引き線の終点位置に歌詞がある場合は、続けて通常の手順で歌詞を入力します。

ヒント！ 入力した歌詞は、この時点では音引き線の上に表示されます。

3 ツールバーから［選択カーソル］をクリックして選択します。

注意！ この場合は、必ず［選択カーソル］でクリックします。

4 終点位置に入力した歌詞をクリックして選択します。
歌詞がない場合も、終点位置にカーソルを合わせると薄いピンクの■が表示されるので、クリックして■を選択します。

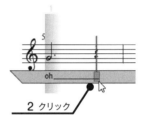

5 ［プロパティ］ウィンドウの［個別設定］欄右の［設定］をクリックします。
6 表示される［歌詞の個別設定］画面右下の［詳細］をクリックします。
7 ［音引き線］欄の［終点オフセット］右の□をクリックしてチェックを付けます。
8 オフセット値を入力します。

ヒント！ ここには「-9.99」から「9.99」までの値を入力することができます。

マイナスの値を入力すると、音引き線の終点が左に移動し、音引き線が短くなります。［適用］をクリックすると入力した値が楽譜に反映されるので、ちょうどよい長さに調整します。

9 ちょうどよい長さに設定できたら、［OK］をクリックして画面を閉じます。

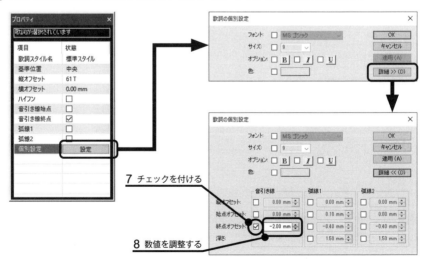

歌詞の垂直位置を修正する　Pro Std Lite

　入力した歌詞が音符と重なってしまって読みづらい……。そんなときは歌詞リボンを移動して、歌詞の垂直位置を修正します。

■楽譜全体で垂直位置を修正する

　すべての段で歌詞の垂直位置を調整するには、歌詞リボン全体を選択します。

(手順)

1 ツールバーから［選択カーソル］をクリックして選択します。
2 カーソルを歌詞の近くに移動すると歌詞リボンが表示されます。
　そのまま歌詞リボンの左側に合わせると、すべての段の歌詞リボンが表示されるポイントがあります。そのポイントでクリックします。

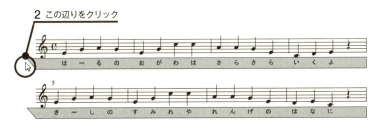

3 歌詞リボンが楽譜全体にわたって選択されます。

> ヒント！　Shiftキーを押しながらクリックすると、隣り合った複数番の歌詞リボンを選択することができます。

4 表示される歌詞リボンをドラッグして位置を調整します。

> ヒント！　ドラッグすると表示される枠を目安にして、位置を調整します。

5 選択した歌詞リボンの位置が、楽譜全体にわたって調整されます。

> ヒント！　歌詞リボンの外をクリックすると、歌詞リボンが表示されなくなります。

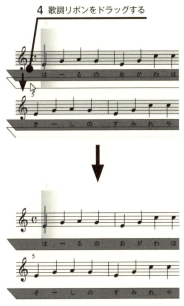

■ 特定の段でだけ垂直位置を修正する

特定の段でだけ、歌詞リボンを選択して位置を調整することもできます。

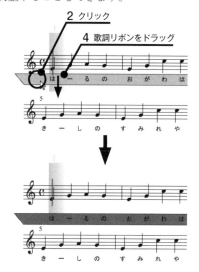

(手 順)

1 ツールバーから［選択カーソル］をクリックして選択します。
2 カーソルを調整したい段の歌詞の近くに合わせると、歌詞リボンが表示されるポイントがあります。そのポイントでクリックします。
3 クリックした段の歌詞リボンが選択されます。
4 表示される歌詞リボンをドラッグして位置を調整します。
   ヒント！ ドラッグすると表示される枠を目安にして、位置を調整します。
5 選択した段の歌詞リボンだけが移動します。
   ヒント！ 歌詞リボンの外をクリックすると、歌詞リボンが表示されなくなります。

歌詞の水平位置を調節する　Pro Std Lite

右図のように、歌詞番号付きの歌詞を入力すると、歌詞が右にずれて見えます。この最初の歌詞の水平位置を調整して整えましょう。

(手 順)

1 ツールバーから［選択カーソル］をクリックして選択します。
2 移動したい歌詞をクリックします。
   ヒント！ 歌詞が赤い□で囲まれるポイントでクリックします。
   ヒント！ [Shift]キーを押しながらクリックすると、複数の歌詞を選択できます。
3 歌詞が選択されます。
4 [Shift]キーを押しながら[←]または[→]キーを押して、左右の位置を調整します。

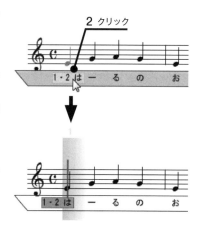

section 5　楽譜を編集する③▶テキスト編

歌詞のフォントを変更する　Pro Std Lite

■すべての歌詞のフォントを変更する

すべての歌詞のフォントを一度に変更したい場合は、[楽譜の設定] 画面でおこないます。

(手順)

1 [ファイル] メニューから [楽譜の設定] を選択します。
　またはツールバーの [楽譜の設定] ボタンをクリックします。
2 [楽譜の設定] 画面が開きます。
3 左のリストから [歌詞スタイル] をクリックして選択します。
4 [フォント] 欄をクリックすると表示されるリストから、フォントをクリックして選択します。

注意　Std、Lite では、[楽譜の設定] 画面の [歌詞スタイル] で設定できる項目が異なります。

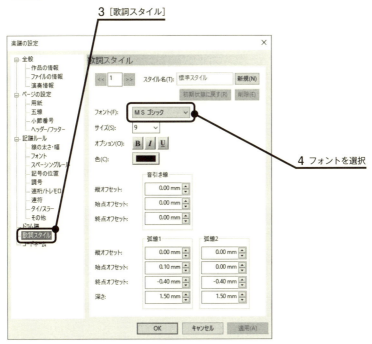

5 [OK] をクリックします。
6 楽譜内のすべての歌詞が、選択したフォントに変更されます。

■特定の番数の歌詞だけフォントを変更する

たとえば、複数番の歌詞を持つ楽譜で、偶数番だけフォントを変更したい、というような場合は、歌詞リボンを選択し、[プロパティ]ウィンドウで変更します。

(手順)

1 ツールバーから[選択カーソル]をクリックして選択します。

2 カーソルを歌詞の近くに移動すると歌詞リボンが表示されます。

そのまま歌詞リボンの左側に合わせると、すべての段の歌詞リボンが表示されるポイントがあります。そのポイントでクリックします。

3 歌詞リボンが楽譜全体にわたって選択されます。

4 [プロパティ]ウィンドウの[個別設定]欄右の[設定]をクリックします。

5 [歌詞の個別設定]画面が開きます。

6 [フォント]欄右の□をクリックしてチェックを付け、右のリストからフォントを選択します。

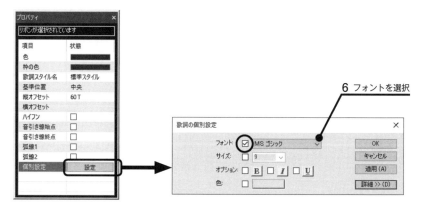

7 [OK]をクリックします。

8 選択していた歌詞リボン内の歌詞のフォントが、選択したフォントに変更されます。

section 5　楽譜を編集する③▶テキスト編

歌詞を結ぶ弧線を入力する　Pro Std Lite

日本語の歌詞では、1つの音符に複数の文字を割り当てるとき、それらの文字を弧線でくくることがあります。歌詞を結ぶ弧線は［プロパティ］ウィンドウから入力します。

（手順）

1　ツールバーから［選択カーソル］をクリックして選択します。
2　弧線を付けたい歌詞をクリックして選択します。
3　［プロパティ］ウィンドウの［弧線1］欄の□をクリックしてチェックを付けます。
4　選択していた歌詞が弧線で結ばれます。

3 チェックを付ける

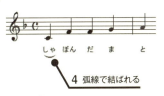

4 弧線で結ばれる

ヒント　［弧線2］にチェックを付けると、2音間の歌詞を弧線で結ぶこともできます。

楽譜の下に歌詞テキストを入力する　Pro Std Lite

楽譜の下などに歌詞テキストを入力する場合は、［テキストパレット］の［自由テキスト］を使います（■ section 5「文字だけの注釈を入力する」〔157ページ〕参照）。

［自由テキスト］を使えば、縦書きの歌詞を入力することもできます。パレットから［自由テキスト］を選択したら、［プロパティ］ウィンドウで［縦書き］欄の□をクリックしてチェックを付けておきます。これで、縦書きの文字が入力できるようになります。

［縦書き］

ヒント　入力中は横書きで表示されますが、入力モードから抜けると、縦書き表示になります。

3 コードネーム

次はコードネームです。

コードネームも、Lite では認識できません。そのため、スキャナを使って楽譜を読み込んだ場合も、Lite の場合、コードネームはあとから入力する必要があります。

ヒント! コードネームは、音符や休符の入力されていない空白の小節にも入力できます。

コードネームを入力する　Pro Std Lite

コードネームの入力には、「ドラッグ入力」が手軽でオススメです。

手順

1 パレットから［コードネーム］をクリックして選択します。

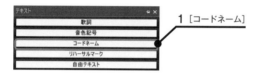

2 カーソルを楽譜の上に移動すると、カーソルの位置に合わせて、五線の上に「C」が青色で表示されます。

3 この青色の「C」がコードネームを入力したい位置に表示されたポイントでクリックし、そのまま指を離さずに上下にドラッグします。すると青い「C」が半音ずつ変化するので、入力したいコードが表示されたら指を離します。

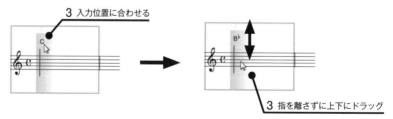

ヒント! 左右にドラッグすると、コードの種類が選択できます。

ヒント! ここで Enter キーを押すと、選択したコードネームが確定され、入力されます。

4 ↓ キーを押します。

section 5　楽譜を編集する③▶テキスト編

5 コードネームのリストが表示されます。

6 表示されるリストから、希望のコードネーム(ここでは[B♭M7])をダブルクリックします。

> **ヒント** スクロールバーをドラッグすると、リストを上下にスクロールすることができます。

> **ヒント** ここではまだ、リスト右の[　]内に表示された文字群が入力されます。これらの「>」や「b」などの文字群は、コードネーム特有の記号などを表すための「暗号」のようなものです。

7 Enter キーを押して確定します。

8 入力したコードネームが正しく表示されます。

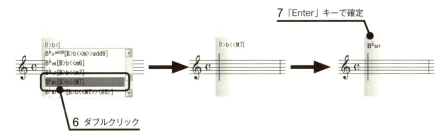

オンコードを入力する　Pro Std Lite

コードのバスを指定した「オンコード」を入力することもできます。

手順

1 前項手順1～6を参照してコードネームの基本部分を入力しておきます。

2 カーソルを文字列の最後に移動し、/ キーで「／（スラッシュ）」を入力したあと、ベース音名を入力します。

> **注意**　「#」を入力したい場合は Shift + 3 キーの順に押して「#」を、「♭」を入力したい場合は B キーを押して「b」を入力します。

3 Enter キーを押して確定します。

4 入力したベース音が上付き文字で「(onA)」のように表示されます。

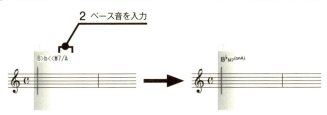

[コードネーム入力パネル] を利用する　Pro

　Pro の場合、[コードネーム入力パネル] を使えば、リストから選択するだけでコードネームを入力することができます。

注意 Std と Lite には [コードネーム入力パネル] はありません。

（手順）

1 パレットから [コードネーム] をクリックして選択します。
2 [コードネーム入力パネル] が開きます。
3 [コードネーム入力パネル] の [ルート] 欄で入力したいコードネームのルート音をクリックして選択します。

ヒント すぐ上の [キー] 欄には、編集中の楽譜に設定されているキー（調）が表示されます。

4 右の [タイプ指定] 欄に選択したルート音のコードネームの一覧が表示されます。入力したいコードネームの種類をクリックして選択します。

ヒント 一覧下の [>] または [<] をクリックすると、リストの続きを表示することができます。

ヒント 初期設定では [試聴] 欄にチェックが付いているため、クリックと同時に選択したコードネームが再生され、耳でも確認できるようになっています。

5 ベース音を指定したい場合は、[ベース] 欄右の□をクリックし、表示される [ベースの指定] 画面でベース音をクリックして選択します。

ヒント ベース音をクリックして選択すると、すぐに [ベース音の指定] 画面が閉じます。

ヒント [コードネーム入力パネル] 左上の [プレビュー] 欄で、選択しているコードネームが確認できます。

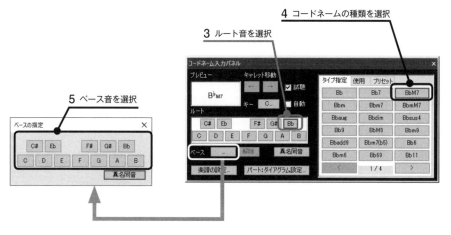

section 5　楽譜を編集する③▶テキスト編

6 カーソルを楽譜の上に移動すると、🔾の先に設定したコードネームが青色で表示されます。
7 コードネームを入力したい位置でクリックします。

7 クリック

> **ヒント！** このとき、コードネームを入力したい位置にある小節が青い□で囲まれるポイントでクリックします。

> **ヒント！** コードネームは五線の上に入力されます。

8 クリックした位置に、コードネームを示す文字列が入力されます。
9 Enter キーを押して確定します。
10 入力したコードネームが正しく表示されます。

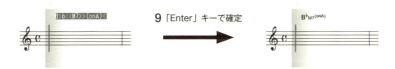
9 「Enter」キーで確定

コードネームを修正する　Pro Std Lite

　コードネームを修正したい場合は、一度削除してから入力しなおすのがわかりやすいでしょう。

（手順）

1 ツールバーから［選択カーソル］をクリックして選択します。
2 コードネームをクリックして選択します。

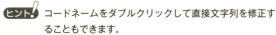
2 クリック

> **ヒント！** コードネームが黄色に変化するポイントでクリックします。

> **ヒント！** コードネームをダブルクリックして直接文字列を修正することもできます。

3 Delete キーを押します。
4 選択していたコードネームが削除されるので、正しいコードネームを入力しなおします。

> **ヒント！** Pro であれば、手順2でコードネームをダブルクリックすると［コードネーム入力パネル］が開き、削除せずに、パネルからコードネームを修正することができます。

143

ぷらす1ポイント

通常の手順でリストから選択して入力すると、C△やC+などのコードネームが入力できないことに気がつきます。C△はC_{M7}、C+はC_{aug}を簡略表記したもので、ジャズやポップスなどの楽譜でよく見られる記号です。また、オンコードを (on~) ではなく「C/G」のように、スラッシュで表記したいことがあるかもしれません。ところが初期設定では、メジャーセブンは$M7$、オーギュメントはaug、ベース音は (on~) というように、コードネームの表記方法が楽譜全体で統一されるように、あらかじめ決められているのです。

Proであれば、これらの設定を変更することができます。[テキストパレット]から[コードネーム]を選択すると開く[コードネーム入力パネル]で、左下の[楽譜の設定]をクリックすると、[楽譜の設定]画面の[コードネーム]が開きます（この画面は、[ファイル]メニューの[楽譜の設定]を選択し、左のリストから[コードネーム]を選択して開くこともできます）。ここで、コードネームの表記方法が選択できます。選択した表記方法は、[プレビュー]欄で確認することもできます。

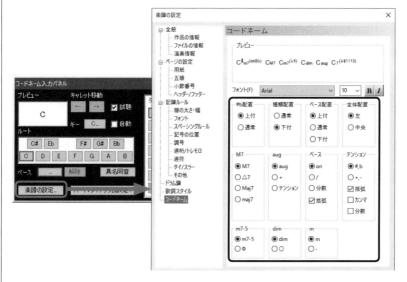

[OK]をクリックして画面を閉じると、選択した表記方法が楽譜のすべてのコードネームに適用されます。

残念ながらStdとLiteでは、上記手順で変更することはできません。

StdとLiteの場合は、[ツール]メニューの[オプション]を選択すると開く[オプション]画面の[編集]で、[コードネーム自動書式]のチェックを外すことで、リストから選択したスタイルで入力できるようになり、またオンコードも、タイプしたとおりのスタイル（スラッシュなど）で入力できるようになります。

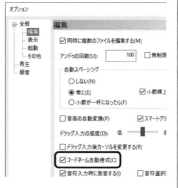

section 5 楽譜を編集する③▶テキスト編

コードネームの入力位置を修正する　Pro Std Lite

入力したコードネームが音符などと重なってしまった場合は、位置を調整します。

手順

1. ツールバーの［選択カーソル］をクリックして選択します。
2. 位置を修正したいコードネームをクリックして選択します。

2 クリック

ヒント コードネームが黄色に変化するポイントでクリックします。

ヒント 複数のコードネームの位置をまとめて修正したい場合は、ドラッグすると表示される□で、移動したいコードネームをすべて囲むようにして選択します。

3. コードネームが選択され、緑色で表示されます。
4. パソコンキーボードの Shift キーを押しながら矢印キーで位置を調整します。

ぷらす1ポイント

コードネームの垂直位置は、あらかじめ［楽譜の設定］画面で決められています。Proであれば、［楽譜の設定］画面を開いて確認、また修正することができます。

［ファイル］メニューから［楽譜の設定］を選択し、［楽譜の設定］画面が開いたら、左のリストの［記譜ルール］から［記号の位置］を選択します。

［コードネーム］欄右の数値のあとに記されている「T」は「テンス」の略で、10T＝五線の線間1つ分を表す単位です。つまり、右図のように「35T」とした場合、コードネームは、五線一番上の線から五線の線間3.5つ分上に配置されるように設定されているわけです。

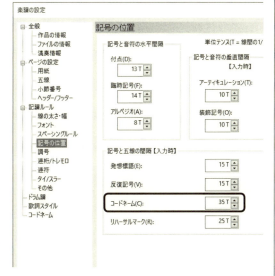

この値を変えることで、コードネームのデフォルトの位置を調整することができます。

ただし、変更した値は、以降に入力するコードネームにのみ有効で、すでに入力されているコードネームに反映させることはできません。

ダイアグラムを表示する Pro

Proでは、入力したコードネームに、ギターやウクレレなどで演奏する際の、弦の押さえる位置を示した「ダイアグラム」を表示することができます。これは、パートの［プロパティ］で設定します。

(手順)

1 ツールバーから［選択カーソル］をクリックして選択します。
2 コードネームを入力したパートの、五線左側の余白部分をダブルクリックします。
3 クリックしたパートの五線全体が選択され、オレンジ色になります。
4 ［プロパティ］ウィンドウの［ダイアグラム設定］欄右の［設定］ボタンをクリックします。
5 ［パート：ダイアグラムの設定］画面が開きます。

ヒント！ この画面は、［コードネーム入力パネル］の［パート：ダイアグラム設定］をクリックして開くこともできます。

6 ［コードネームの下にダイアグラムを表示する］をクリックしてチェックを付けます。
7 ［ダイアグラムの設定］の［種類］の［ギター］をクリックすると表示されるリストから、楽器を選択します。

ヒント！ ここで［縦方向に表示］にチェックを付けておくと、ダイアグラムが縦に表示されます。

注意 ここで［キーボード］を選択すると、鍵盤位置を表示することができますが、指定したベース音は反映されません。

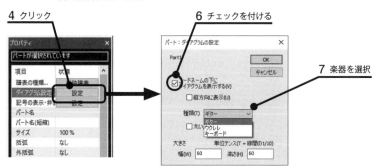

8 ［OK］をクリックして画面を閉じます。
9 入力していたコードネームの下に、選択した楽器のダイアグラムが表示されます。

ヒント！ 手順7の［パート：ダイアグラムの設定］画面で［太いバレー］にチェックを付けておくと、1本の指で複数の弦を押さえるバレーコードの指示が太い線で表示されます。

section 5 楽譜を編集する③▶テキスト編

ダイアグラムをカスタマイズする Pro

表示されたダイアグラムが思っていたものと違う場合は、自由にカスタマイズすることができます。

注意 キーボードのダイアグラムのみ、以下の手順で変更することができません。

手順

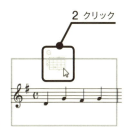
2 クリック

1 ツールバーから［選択カーソル］をクリックして選択します。
2 コードダイアグラムをクリックして選択します。

ヒント コードダイアグラムが黄色に変化するポイントでクリックします。

3 ［プロパティ］ウィンドウの［ダイアグラムカスタマイズ］欄右の［カスタマイズ］ボタンをクリックします。
4 ［ダイアグラムの設定］画面が開きます。
5 右上のリストからダイアグラムを選択します。
   希望のものがない場合は、プレビューをクリックして自由に作成することができます。

ヒント プレビュー下のスライダーを左右にドラッグすると、フレットを選択できます。

ヒント プレビュー上をクリックするとその位置に応じて○や●、×などが、またドラッグするとセーハ記号が入力できます。

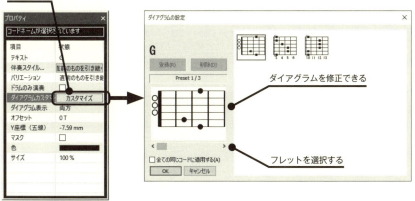

6 ［OK］をクリックして画面を閉じます。
7 コードダイアグラムが選択（または作成）したものに変更されます。

4 リハーサルマーク

パート数の多い楽譜などでは、曲の部分を指定するためのリハーサルマークが使われます。

リハーサルマークを入力する Pro Std Lite

リハーサルマークは、[テキストパレット]から入力します。入力順にA、B、C……と振られていくので、楽譜の先頭から順に入力していくことをオススメします。

手順

1 パレットから[リハーサルマーク]をクリックして選択します。

1 [リハーサルマーク]

2 カーソルを楽譜の上に移動すると、▷の先にAが表示されます。

3 この青色のAが、リハーサルマークを入力したい位置に表示されたポイントでクリックします。

4 「A」が選択され、反転表示されます。

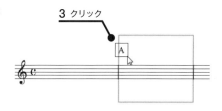

3 クリック

ヒント このときパソコンキーボードで、たとえば「Intro」や「Ending」などの文字を入力すると、好きな文字をリハーサルマークとして入力することができます。

5 Enter キーを押して確定します。

6 クリックした位置に、リハーサルマークAが入力されます。

ヒント カーソルの先には次のBが表示され、続けて入力できるようになります。

section 5　楽譜を編集する③▶テキスト編

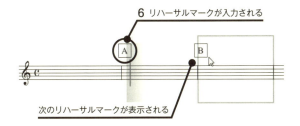

6 リハーサルマークが入力される
次のリハーサルマークが表示される

■小節番号を指定して移動する

　リハーサルマークを入力するのは、パート数の多い、長〜い楽譜であることがほとんどです。そのため、入力先を探しながら楽譜をスクロールするのがけっこうタイヘン。
　そんなとき、もし、入力先の小節番号がわかっていれば、簡単に移動することができます。「ジャンプ」機能を使います。

（手順）

1　画面右の［ジャンプ］タブにカーソルを合わせます。
2　［ジャンプパネル］が開きます。

　ヒント！　ツールバーの［ジャンプ］をクリックしても同様に開きます。

［ジャンプ］

3　［小節番号］下の□に移動先の小節番号を入力します。
4　［ジャンプ］をクリックします。
5　グレーの縦棒（キャレット）が指定した小節に移動し、目的の小節が画面に表示されます。

5 キャレットが移動する

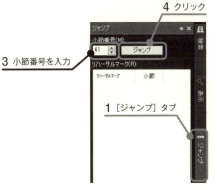

4 クリック
3 小節番号を入力
1 ［ジャンプ］タブ

　ヒント！　入力したリハーサルマークは、［ジャンプパネル］の［リハーサルマーク］欄にリストアップされます。このリストからリハーサルマークをダブルクリックすると、選択したリハーサルマークの位置に移動することができます。

リハーサルマークの位置 Pro Std Lite

　入力したリハーサルマークが他の記号などと重なってしまった場合は、あとから入力位置を調整することができます。

(手順)

1 ツールバーの［選択カーソル］をクリックして選択します。

2 位置を調整したいリハーサルマークをクリックして選択します。

> ヒント! このとき、記号が黄色く変化するポイントでクリックします。

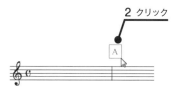

3 ドラッグして位置を調整します。

　少しだけ移動したい場合は、[Shift]キーを押しながら矢印キーを押して移動します。

■すべてのリハーサルマークを一度に移動する

　入力したリハーサルマークすべてを一度に移動したい場合は、［検索］機能を使うと便利です。

(手順)

1 画面右の［検索］タブにカーソルを合わせます。

2 ［検索］パネルが開きます。

> ヒント! ツールバーの［検索／置換］をクリックしても同様に開きます。

3 ［テキスト］をクリックして選択します。

4 ［検索対象］欄で［リハーサルマーク］だけが選択された状態にします。

> ヒント! 項目をクリックするごとに、選択（または解除）されます。

5 ［全て選択］をクリック。

section 5　楽譜を編集する③▶テキスト編

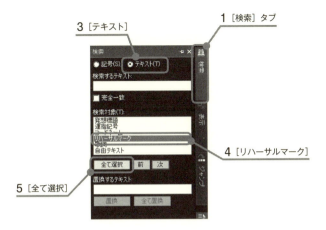

1 [検索] タブ
3 [テキスト]
4 [リハーサルマーク]
5 [全て選択]

6 楽譜内のすべてのリハーサルマークが選択されます。
7 ドラッグ、または Shift ＋矢印キーで位置を調整します。

ヒント　矢印キーで調整する場合は、カーソルを楽譜の上に移動してから操作します。

ぷらす1ポイント

　入力前であれば、コードネームの場合と同様に、[楽譜の設定] 画面の [記号の位置] で五線からの距離を調整しておくこともできます（📖 145ページ参照）。

　ただし、コードネームの場合と同様に、ここで変更した値は、変更後に入力するリハーサルマークにのみ有効で、すでに入力されているリハーサルマークに反映させることはできません。

　また、ここで調整できるのは五線からの距離、つまり垂直位置のみで、水平位置を調整することはできません。

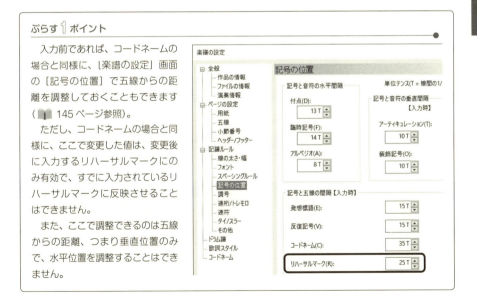

5 タイトルなどの文字を入力する

タイトルや作曲者名など、作品情報に関する文字を入力するテクニックを紹介します。

タイトルを入力する Pro Std Lite

まずはタイトルです。タイトルは［楽譜の設定］という画面から入力します。［新規作成ウィザード］で入力した場合も、以下の手順で修正することができます。

(手順)

1 ツールバーから［選択カーソル］をクリックして選択します。
2 楽譜に表示されているタイトルをダブルクリックします。
3 ［楽譜の設定］画面の［作品の情報］が開きます。

ヒント！ ［ファイル］メニューから［楽譜の設定］を選択して開くこともできます。

4 ［タイトル］欄にタイトルを入力します。

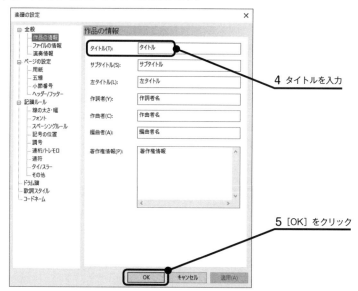

5 ［OK］をクリックして画面を閉じます。
6 楽譜の冒頭に入力したタイトルが表示されます。
　または［新規作成ウィザード］で入力していた文字が修正されます。

section 5　楽譜を編集する③▶テキスト編

作曲者名などをあとから入力する　Pro Std Lite

　タイトル以外の作品情報、たとえば作曲者名や作詞者名などの文字を入力する場合は、もうひと手間必要になります。ここでは作曲者名を入力する手順を例に説明します。

手順

1　[ファイル]メニューから[楽譜の設定]を選択します。
　またはツールバーの[楽譜の設定]ボタンをクリックします。
2　[楽譜の設定]画面が開きます。
3　左のリストの[全般]から[作品の情報]をクリックして選択します。
4　[作曲者名]欄に作曲者名を入力します。
5　[OK]をクリックして画面を閉じます。
6　[テキストパレット]の[作曲者名]をクリックして選択します。
7　[プロパティ]ウィンドウで、[強制ページ属性]欄の□をクリックしてチェックを付けます。

4 作曲者名を入力

ヒント！ ここにチェックを付けておくと、ページに属した文字として入力することができます。

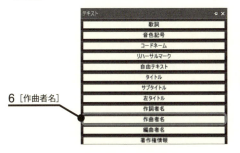
6[作曲者名]
7 チェックを付ける

8　カーソルを楽譜の上に移動すると、の先に手順4で入力した作曲者名が青色で表示されます。
9　青色の文字を入力位置に合わせてクリックします。

9 クリック

ヒント！ 五線の右端に近づけるとスマートグリッドが表示され、五線右端にぴったりと揃えて入力できます。

10　クリックした位置に作曲者名が入力されます。

文字を整列する　Pro Std Lite

タイトルや作曲者名の位置を調整しましょう。

■スマートグリッドを利用して整列する

［ツールバー］の［選択カーソル］をクリックして選択し、位置を調整したいテキストをクリックして選択します。

選択したテキストをドラッグすると、スマートグリッド（赤い破線）が表示されるようになります。このスマートグリッドを目安に、位置を調整し、整列します。

> **ヒント**　スマートグリッドは、［ツール］メニューの［グリッド吸着］をオン（左のアイコンが点灯した状態）にすると、表示されます。

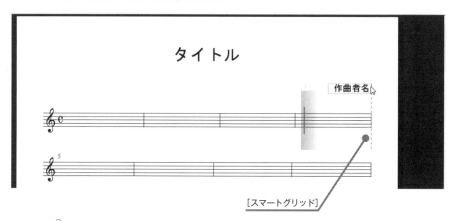

> **ヒント**　スマートグリッドは、ここで説明しているテキストだけでなく、入力した記号などの位置を揃えたい場合にも便利です。

■［整列］メニュー（Proのみ）

Proでは、［整列］メニューを利用すると、簡単に中央揃えや左揃え、右揃えなどで整列することができます。

手順

1 ツールバーの［選択カーソル］をクリックして選択します。
2 位置を調整したい文字をクリックして選択します。

> **ヒント**　文字が黄色に変化するポイントでクリックします。

3 文字が選択され、緑色で表示されます。

> **ヒント**　同時に文字を囲む枠も選択され、□が表示されます。

section 5　楽譜を編集する③▶テキスト編

4 水平位置を整列したい場合は、[プロパティ]ウィンドウの[配置]欄で、枠内の文字位置を調整しておきます。
水平位置を左に整列したい場合は[左]、右に整列したい場合は[右]、中央に整列したい場合は[中央]を選択します。

5 [ツール]メニューの[整列]から[横中央]または[左]、[右]などを選択します。

> ヒント！[横中央]、[左]、[右]では、水平方向に整列されます。

> ヒント！五線に対して中央、左、または右位置が揃えて整列されます。

> ヒント！[上]、[縦中央]、[下]を選択すると、垂直方向に整列されます。

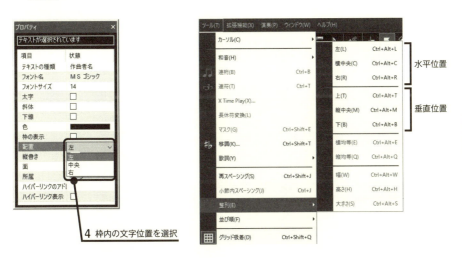

4 枠内の文字位置を選択

6 文字が選択した配置で整列されます。

[横中央]の場合　　[左]の場合　　[右]の場合

文字のフォントやサイズを変更する　Pro Std Lite

タイトルや作曲者名の文字に使うフォントは、自由に変えることができます。

（手順）

1 ツールバーの［選択カーソル］をクリックして選択します。
2 フォントやサイズを変更したい文字をクリックして選択します。

ヒント！　文字が黄色に変化するポイントでクリックします。

3 文字が選択され、緑色で表示されます。
4 ［プロパティ］ウィンドウの［フォント名］をクリックすると表示されるリストから、フォントを選択します。
5 ［フォントサイズ］欄をクリックすると表示されるリストから、文字のサイズを選択します。
6 選択していた文字が、指定したフォント、サイズに変更されます。

作品情報を修正する　Pro Std Lite

［楽譜の設定］画面で入力できるタイトルや作曲者名などの作品情報を修正したい場合は、［楽譜の設定］画面で修正します。

この場合、メニューやツールバーから選択しなくても、［選択カーソル］で修正したい文字をダブルクリックするだけで、［楽譜の設定］画面の［作品の情報］が開き、すぐに修正することができます。

ヒント！　文字が黄色に変化するポイントでダブルクリックします。

section 5　楽譜を編集する③▶テキスト編

6 楽譜に注釈を書き込む

　作成した楽譜に、自由に文字を書き込むことができます。また、[注釈パレット]を使えば、自分のパートだけに色を付けて目印にしたり、演奏のポイントとなる音符を○で囲んだり、さまざまなタイプの注釈を自由に書き込むことができます。

文字だけの注釈を入力する　Pro Std Lite

　文字だけの注釈を書き込みたい場合は、[テキストパレット]の[自由テキスト]で入力します。

手順

1 パレットから[自由テキスト]をクリックして選択します。
2 カーソルを楽譜の上に移動すると、 から の形に変わります。
3 小節に付属した注釈を入力したい場合は、[プロパティ]ウィンドウの[強制ページ属性]欄を確認し、チェックを外しておきます。

　ヒント! チェックを付けておくと、ページに属した文字として入力することができます。

1 [自由テキスト]
3 [強制ページ属性]

4 文字を入力したい位置でクリックします。

　ヒント! 目的の小節が青い□で囲まれるポイントでクリックすると、その小節に付属した文字として入力されます。

5 クリックした位置に、カーソルが点滅します。
6 文字を入力します。
7 楽譜の余白部分をクリックして入力モードから抜けます。

[注釈パレット] を使った書き込み　Pro Std Lite

[注釈パレット] を使うと、いろんなスタイルの注釈を書き込むことができます。

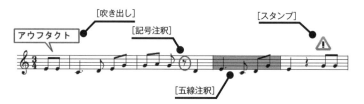

■[記号注釈]

音符や記号などをさまざまな色の○や■で囲むことができます。

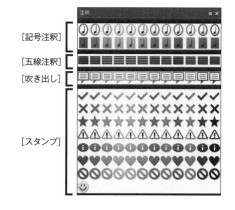

注意　歌詞を囲むことはできません。

入力は、2点記号と同じです。始点と終点をクリックして入力します。1つの記号だけを囲みたい場合は、ダブルクリックで入力できます。

注意　あとから形や範囲を変更することはできません。

■[五線注釈]

先頭小節と最終小節をクリックすることで、五線を選択した色でマーキングできます。

■[吹き出し]

吹き出しで囲んだ文字を入力できます。

ヒント　入力した文字にちょうどよいサイズの吹き出しで囲まれます。

吹き出しの形は、[選択カーソル] でダブルクリックすると表示される□をドラッグして、あとから調整することもできます。

注意　ページに付属した吹き出しを入力することはできません。

■[スタンプ]

さまざまな色、形のスタンプが用意されています。クリックするだけで、簡単に入力できます。

section 6

楽譜データの活用術

1 楽譜を移調して活用する

楽譜全体を移調する　Pro Std Lite

「この楽譜、もう少し低かったら歌いやすいのに……」
「調号がいっぱいあって読みにくい！　調号のない調に移調できたらな……」
　そんなときも、スコアメーカーならサクッと楽譜をスキャンして、パッと楽譜を移調してしまえるのでラクチンです。どんな調でも、お好みの高さに移調できます。
　それに、「ちょっと低くしたい」というようなときには、「短2度下げる」、「半音1個分下げる」というように、移調幅を音程や半音の数で指定することもできます。

> **ヒント！** 調号だけを変更したい場合は、📖 section 4「調号を変更する」(84ページ) を参照してください。

（手順）

1. [ツール] メニューから [移調] を選択します。
2. [楽譜の移調] 画面が開きます。
3. [移調範囲] で [楽譜全体] が選択されていることを確認します。
4. **調で指定する**
   [変更後の調] 欄下の [◀] または [▶] をクリックして、変更後の調を選択します。

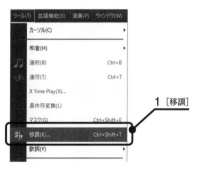

1 [移調]

> **ヒント！** より高く移調したい場合は [▶] を、低く移調したい場合は [◀] をクリックして調を選択します。

> **ヒント！** クリックするごとに半音ずつ上（または下）の調が選択されます。

音程で指定する
[度数で指定] 欄をクリックすると表示されるリストから、移動したい音程を選択します。

半音の数で指定する
[□半音移調する] の□に数値を入力し、半音いくつ分移動するかを指定します。

> **ヒント！** より高く移調したい場合はプラスの値を、低く移調したい場合はマイナスの値を入力します。

section 6　楽譜データの活用術

5 ［符尾の向きを自動的に調整する］をクリックしてチェックを付けておく。

ヒント！ ここにチェックを付けておくと、移調後の楽譜の符尾が自動で最適な向きに調整されます。

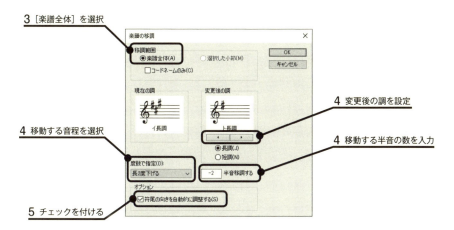

6 ［OK］をクリックして画面を閉じます。
7 楽譜全体が指定した調に移調されます。

ヒント！ 音符だけでなく、入力されていたコードネームも、新しい調号に合わせて移調されます。

ヒント！ 途中で転調している楽譜の場合も、その調関係を維持したまま、楽譜全体が移調されます。

　［変更後の調］に調号のないハ長調やイ短調を指定した場合、移調後の五線先頭に「♮（ナチュラル）」が表示されることがあります。この♮は、ツールバーの［消しゴムカーソル］でクリックすれば、簡単に削除できます。

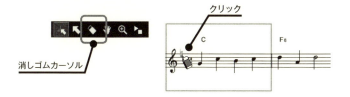

移調楽器の設定を変更する　Pro Std Lite

同じ移調でも、「移調楽器」となるとちょっと複雑になります。楽器名の後ろに「in B♭」や「in A」と書かれているものがそれです（中には何も書いていない楽器もありますが……）。

移調楽器では、楽譜に書かれた音（「記譜音」という）と実際に聞こえる音（「実音」という）が異なります。それぞれの楽器に適した"移調譜"にするには、Proとその他のグレードでは手順が異なります。

■［パートテンプレート］を適用する（Proのみ）

Proなら、移調楽器についての難しい知識は必要ありません。楽器を指定するだけで、最適な調に移調してくれます。しかも、同時に音色も指定した楽器のものに変更してくれるので便利です。

注意 Std、Liteには［パートテンプレート］機能はありません。

手順

1 ツールバーから［選択ツール］を選択します。
2 五線左側の余白部分をダブルクリックします。
3 パート全体の五線が選択され、オレンジ色になります。

4 ［パート］メニューから［パートテンプレートの適用］を選択します。
5 ［パートテンプレートの適用］画面が開きます。
6 適用したい楽器名をクリックして選択します。

ヒント ［＋］をクリックすると選択した楽器群に含まれる楽器のリストが開き、「−」をクリックするとリストが閉じます。

ヒント このバージョン10から、リズム譜やドラム譜に対応したパートテンプレートが新しく追加されました。

7 ［音高の自動変換］をクリックしてチェックを付けておきます。

ヒント ここにチェックを付けておくと、すでに入力済みの音符が選択した移調楽器の設定に合わせて自動で移調されます。

section 6　楽譜データの活用術

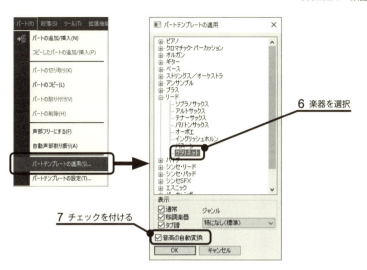

8 [OK] をクリックします。
9 手順1で選択していた五線に選択したパートテンプレートが適用され、移調設定が変更されます。

> **ヒント！** 演奏すると、楽譜の見た目と実際の音の高さが異なることがわかります。

> **ヒント！** 移調設定だけでなく、音色、楽器名なども、選択した楽器に合わせて変更されます。

■[プロパティ] ウィンドウで変更する

　Std や Lite では、[プロパティ] ウィンドウで移調楽器の設定をすることができます。
　Pro の場合も、たとえば上記手順で「クラリネット」を選択すると、初期設定では「in B♭」に設定されますが、「in A」のクラリネットを使いたいこともあるでしょう。そういった場合も、上記手順でパートテンプレートを適用したあと、[プロパティ] ウィンドウで調整します。

　移調楽器の設定は、[プロパティ] ウィンドウの [キー] 欄でおこないます。ここでは半音を「1」とし、実際に聞こえる音（実音）が書かれている音（記譜音）より○半音分高いか（プラスの値）、または低いか（マイナスの値）を設定します。

> **ヒント！** 移調楽器以外の楽器では、この [キー] 欄は「0」となります。

> **ヒント！** 1オクターブ＝ 12 となります。

163

たとえば「in A」のクラリネットの場合、ドを吹くとラの音が鳴ります。つまり、実際に聞こえる音（ラ）は、楽譜に書かれた音（ド）より半音3つ分低くなります。この場合、[キー]欄を「-3」と設定するわけです。

すでに音符を入力している場合は、以下の手順に進む前に、[ツール]メニューから[オプション]を選択して[オプション]画面を開き、[編集]の[音高の自動変換]にチェックを付けておきましょう。こうすることで[キー]欄の設定に合わせて、自動で音符が移調されるようになります。

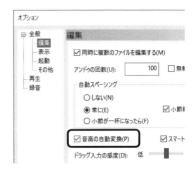

手順

1 ツールバーから[選択ツール]を選択します。
2 五線左側の余白部分をダブルクリックします。
3 パート全体の五線が選択され、オレンジ色になります。
4 [プロパティ]ウィンドウの[キー]欄に値を入力します。

> **ヒント!** [キー]欄が見あたらない場合は、右のスクロールバーを下にドラッグすると見えるようになります。

> **ヒント!** 半角数字で入力します。

> **ヒント!** [キー]欄に「0」を入力すると、移調楽器の設定が取り消されます。

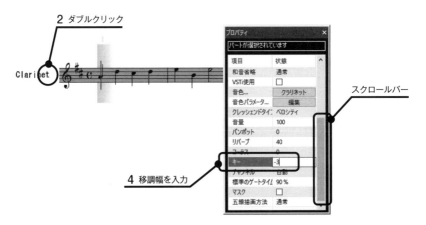

5 Enter キーを押して確定すると、設定した値に応じて入力していた音符が移調され、必要に応じて調号が変更されます。

section 6　楽譜データの活用術

2　タブ譜に変換して活用する

　ギターの楽譜では、通常の音符や休符ではなく、フレットの押さえる位置を数字（フレット番号）で表した、「タブ譜」という楽譜が使われることがあります。ギター用のタブ譜もスコアメーカーで作成することができます。
　イチから入力するのはもちろんですが、弾きたい楽譜（通常の五線）をスキャンで取り込んでタブ譜に変換、というふうに利用するのも1つの方法です。

> **ヒント!** Pro、Std では、タブ譜パートも認識できます。

> **注意** Lite では、タブ譜パートを認識することはできません。

タブ譜パートを追加する　Pro Std Lite

　ギター譜では、通常の五線と、ガイドとなるタブ譜を並記することがあります。通常の五線の下にタブ譜パートを追加、コピーで、サクッと簡単に変換できます。
　タブ譜パートを追加するには、新規パートを追加したあと、譜表の種類をタブ譜に変換します。

■パートを追加する

　新規パートは、高音部譜表として追加されます。

手順

1 ［パート］メニューから［パートの追加/挿入］を選択します。
2 一番下に、新しいパートが追加されます。

> **ヒント!** 高音部譜表が追加されます。

> **ヒント!** 手順1の前に小節を選択しておくと、選択したパートの上に追加することができます。

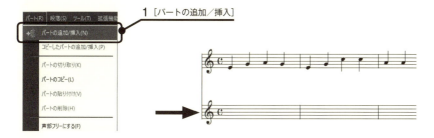

■譜表の種類を変更する

追加した高音部譜表をタブ譜に変換します。[プロパティ]ウィンドウで操作します。

(手 順)

1 ツールバーの[選択カーソル]をクリックして選択します。
2 譜表の種類を変更したいパートの、五線左側の余白部分をダブルクリックします。
3 クリックしたパートの五線全体が選択され、オレンジ色になります。
4 [プロパティ]ウィンドウの[譜表の種類]欄右の譜表名をクリックします。

5 [譜表の設定]画面が開きます。
6 [譜表の種類]欄をクリックして、表示されるリストから[タブ譜]を選択します。
7 [ギター]をクリックして楽器を選択します。

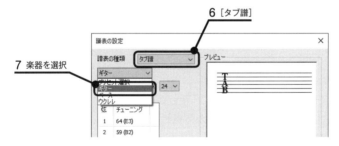

> **ヒント！** Pro ではさらに線数やフレット数、各弦のチューニングも自由に設定できます。

> **注意** Std と Lite で作成できるタブ譜は、「ギター（6線）」、「ベース（4線）」、「ウクレレ（4線）」の3種類です。

> **注意** [譜表の種類]で[3段大譜表]、[数字譜]を選択できるのは Pro だけです。

8 [OK]をクリックして画面を閉じます。
9 選択していたパートが、タブ譜に変更されます。

section 6 楽譜データの活用術

タブ譜パートにコピーする Pro Std Lite

あとは、もとの五線から追加したタブ譜パートにコピーしてくるだけで OK です。ポイントは、ギターは、実音が記譜音より 1 オクターブ低い移調楽器である点です。

注意 [オプション] 画面の [音高の自動変換] のチェックをあらかじめ外しておきましょう。

手順

1 ツールバーの [選択カーソル] をクリックして選択します。
2 コピーもとの五線左側の余白部分をダブルクリックします。
3 クリックしたパートの五線全体が選択され、オレンジ色になります。
4 [プロパティ] ウィンドウの [キー] 欄に「-12」を入力し、Enter キーで確定します。

5 [編集] メニューから [コピー] を選択します。
6 タブ譜左側の余白部分をダブルクリックし、タブ譜全体を選択します。
7 [編集] メニューから [貼り付け] を選択します。
8 もとの音符に応じた数字に置き換えられて貼り付けられます。

ヒント 逆に、タブ譜の数字を通常の五線にコピーして、音符に置き換えることもできます。

タブ譜を修正する *Pro* *Std* *Lite*

思った位置や数字(フレット番号)で入力できないときは、次の手順で修正してください。[プロパティ]ウィンドウでの修正が簡単です。

(手順)

1 [ツールパレット]から[選択カーソル]をクリックして選択します。
2 修正したい数字をクリックして選択します。

> ヒント! このとき、数字が黄色く変化するポイントでクリックします。

> ヒント! 選択したあと、Delete キーを押すと数字を削除することができます。

2 クリック

3 **上下の位置を修正する場合**

Shift + ↑ または ↓ キーを押すと、上または下の線に移動します。

4 **数字(フレット番号)を修正する場合**

[プロパティ]ウィンドウの[フレット番号]欄に数字を入力します。

5 Enter キーを押して確定すると、修正内容が楽譜に反映されます。

4 数字を修正

> ヒント! 通常の音符と同様に、[種類]や[付点]欄で長さを修正することもできます。

section 6　楽譜データの活用術

タブ譜を入力する　Pro Std Lite

あらたにタブ譜に数字（フレット番号）を入力したい場合は、「ドラッグ入力」がオススメです。

(手順)

1 パレットから音符をクリックして選択します。

2 カーソルをタブ譜の上に移動すると、🔺の先に数字の「3」が表示された音符が青色で表示され、小節が青い□で囲まれます。この青い□が入力したい小節を囲んだ状態で、青い音符を入力したい位置に合わせます。

(注意)🚫マークが表示される位置では、音符を入力できません。

3 クリックしたら、そのまま指を離さずにゆっくりと上下にドラッグしてみましょう。ドラッグに合わせてフレット番号が大きくなったり小さくなったりします。入力したいフレット番号が表示されたところで指を離します。

(ヒント)左右にドラッグすると、音符の長さを変更することもできます。

4 これで入力できました。入力と同時に、入力した高さの音が鳴ります。

■[タブ譜入力パネル]を使う（Proのみ）

Proでは、タブ譜を入力するのにとても便利な[タブ譜入力パネル]があります。これを使うと、「普通の楽譜はニガテ、でもギターなら任せて！」という方も、ラク～にタブ譜が入力できてしまいます。

[タブ譜入力パネル]

(ヒント)[タブ譜入力パネル]は、[表示]メニューの[パレット／パネル]から[タブ譜入力パネル]を選択すると開きます。

(注意)[表示]メニュー、[パレット／パネル]の[タブ譜入力パネル]は、楽譜にタブ譜が含まれている場合のみ選択できるようになります。

(注意)StdとLiteには[タブ譜入力パネル]はありません。

> 手順

1 ツールバーの［選択カーソル］をクリックして選択します。
2 音符を入力したい位置をクリックします。

> ヒント！ クリックしたパートに合わせて［タブ譜入力パネル］のフレット数が変わります。

3 クリックした位置にグレーの縦線（キャレット）が表示されます。
4 ［タブ譜入力パネル］の右上で、入力したい音符をクリックして選択します。
5 左下の［◀］または［▶］をクリックしてフレット位置を調整します。
6 フレット位置をクリックすると［●］が入力されます。

> ヒント！ ［●］をクリックすると削除され、［×］が表示されます。

7 ［×（ミュート）］をクリックすると［○（開放弦）］に、［○］をクリックすると［×］になります。

> ヒント！ ［試聴］ボタンをクリックすると、フレットに表示された音が再生されます。

8 ［音符を入力］ボタンをクリックします。

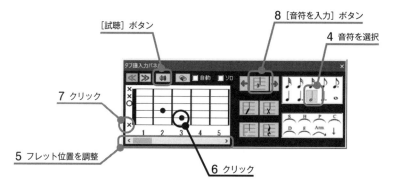

> ヒント！ ［音符入力］ボタンの代わりに ♪ や ♪、♪ をクリックすると、省略音符を入力することができます（再生すると、直前に入力した音が指定したリズムで演奏されます）。

> ヒント！ ♪ をクリックすると、選択した音符と同じ長さの休符が入力されます。

9 指定したフレット番号が入力され、キャレットが次の入力位置に移動します。

> ヒント！ 2分音符や全音符などの白玉音符を選択した場合、指定したフレット番号が○で囲まれます。

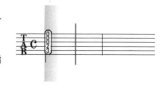

数字(フレット番号)を左右にずらす Pro

和音を入力すると、隣り合った数字(フレット番号)が重なってしまうことがあります。Proでは、和音の数字(フレット番号)を左右にずらして表示することができます。

(手順)

1 [ファイル]メニューから[楽譜の設定]を選択します。
  または、ツールバーの[楽譜の設定]ボタンをクリックします。
2 [楽譜の設定]画面が開きます。
3 左のリストの[記譜ルール]から[その他]をクリックして選択します。
4 一番下の[タブ譜の数字をずらして表示する]をクリックしてチェックを付けます。

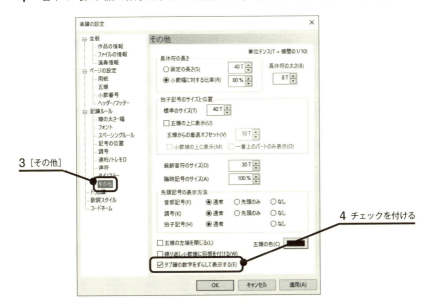

5 [OK]をクリックして画面を閉じると、必要に応じてタブ譜の数字(フレット番号)が、左右にずれて表示されるようになります。

ヒント! 和音の数字だけが左右にずれて表示されるようになります。

ヒント! [適用]をクリックすると、画面を閉じずに、変更内容を楽譜に反映させることができます。

3 数字譜に変換して活用する

　Proでは、大正琴やハーモニカ、二胡といった楽器で使われる数字譜を作成することもできます。イチから入力するのはもちろんですが、スキャナで読み込んだ通常の楽譜も、以下の手順で簡単に数字譜に変換することができます。数字譜のレパートリーを増やしたい方にオススメです。

　ヒント バージョン9からは、数字譜でも和音が入力できるようになりました。

　注意 Std、Lite では数字譜を作成することはできません。

数字譜に変換する　Pro

　数字譜への変換は、［プロパティ］ウィンドウでおこないます。

手順

1 ツールバーから［選択ツール］を選択します。
2 五線左側の余白部分をダブルクリックします。
3 パート全体の五線が選択され、オレンジ色になります。

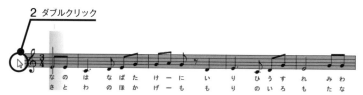

4 ［プロパティ］ウィンドウの［譜表の種類］欄右の［単独譜表］をクリックします。
5 ［譜表の設定］画面が開きます。

section 6　楽譜データの活用術

6 ［譜表の種類］欄をクリックすると表示されるリストから、［数字譜］をクリックして選択します。

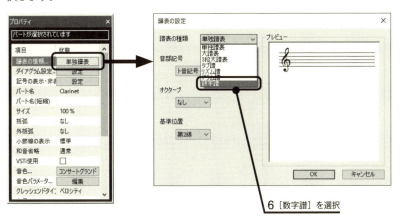

6 ［数字譜］を選択

7 ［大正琴］、［二胡］、［その他］から楽器をクリックして選択します。

> ヒント！　［譜表の種類］で［数字譜］を選択すると、楽器のリストが表示され、選択できるようになります。

8 和音を記譜したい場合は、［詳細設定］をクリックします。

> ヒント！　和音のない楽譜の場合は、［詳細設定］をクリックせずに、そのまま手順11に進みます。

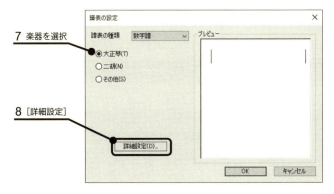

7 楽器を選択

8 ［詳細設定］

9 ［譜表の設定］画面が開きます（次ページ図参照）。
10 ［単音／和音設定］欄をクリックし、［和音（下揃）］、［和音（中揃）］、または［和音（上揃）］を選択します。

173

> **ヒント！** 下揃では和音の下端を五線の下端に揃えます。中揃では和音が五線中央に配置され、上揃では和音の上端が五線上端に揃えられます。

> **ヒント！** ［数字譜詳細設定］画面では、和音設定の他、オクターブ下を表す「・」の位置や、臨時記号の位置などを自由に設定することができます。

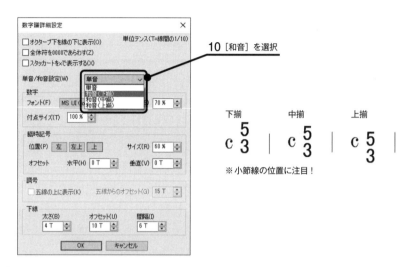

※小節線の位置に注目！

11 すべての画面で［OK］をクリックして画面を閉じます。

12 手順3で選択していた譜表が数字譜に変換されます。

> **ヒント！** タブ譜の場合と同様に、通常の五線からコピーしてくることもできます。貼り付けと同時に数字譜に変換されます。

12 数字譜

section 6　楽譜データの活用術

数字譜の編集① 数字の削除 Pro

数字譜の編集方法は、通常の音符の場合とよく似ています。

■個別に数字を削除する

数字を削除する手順は、音符や休符を削除する場合と同じです。

（手順）

1 ツールバーから［選択ツール］を選択します。
2 削除したい数字をクリックして選択します。

ヒント！　数字が黄色く変化するポイントでクリックします。

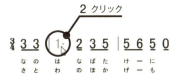

3 数字が選択され、緑色になります。
4 [Delete]キーを押すと、選択していた数字が削除されます。

ヒント！　初期設定では、数字を削除すると、同じ小節内の後ろの数字の位置が再調整されます。

■小節単位で数字を削除する

小節単位で数字を削除することもできます。

（手順）

1 ツールバーから［選択ツール］を選択します。
2 削除したい小節をダブルクリックして選択します。
3 小節が選択され、オレンジ色になります。

ヒント！　複数の小節を選択したい場合は、先頭小節を選択したあと、[Shift]キーを押しながら最終小節をダブルクリックします。

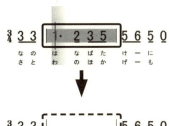

4 パソコンキーボードの[Delete]キーを押します。
5 選択した小節の内容が削除され、空の小節に戻ります。

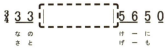

数字譜の編集② 数字（高さ）の修正 Pro

数字の修正は、[プロパティ] ウィンドウでおこないます。

ヒント！ 休符を表す「0」に修正したい場合は、あらためて入力しなおします（次項参照）。

（手順）

1 ツールバーから [選択ツール] を選択します。

2 修正したい数字をクリックして選択します。

ヒント！ 数字が黄色く変化するポイントでクリックします。

3 [プロパティ] ウィンドウの [数字] 欄右をクリックすると数字が反転表示されるので、ここに数字をタイプして入力します。

ヒント！ 半角数字で入力します。

3 数字を入力

4 Enter キーを押すと修正が確定され、入力した数字が楽譜に反映されます。

5 オクターブを表す「・」を修正したい場合は、[オクターブ] 欄に追加したい「・」の数を入力します。

ヒント！ プラスの値を入力するとオクターブ上を表す「・」が、マイナスの値を入力するとオクターブ下を表す「・」が追加されます。

ヒント！ 「0」を入力すると、オクターブを表す「・」を削除することができます。

6 Enter キーを押すと修正が確定され、選択していた数字に反映されます。

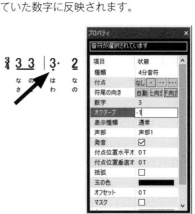

section 6 楽譜データの活用術

数字譜の編集③ 数字と休符の置換 Pro

　数字を、休符を表す「0」に、あるいは逆に休符を表す「0」を他の数字に置き換えたい場合は、あらたに［数字譜入力パネル］から入力しなおします。

> **注意** 数字譜の数字を上書き変更できるのは、［数字譜詳細設定］画面の［単音／和音設定］欄で［単音］が選択されている場合のみです。

■［数字譜入力パネル］

　［数字譜入力パネル］は、数字譜を入力するためのパネルです。数字譜の入力に必要なさまざまなアイテムが用意されています。

> **ヒント** ［数字譜入力パネル］は、［表示］メニューの［パレット／パネル］から［数字譜入力パネル］を選択すると開きます。

> **注意** ［数字譜入力パネル］は、楽譜に数字譜パートがあるときのみ、開くことができます。

（休符パレット／音価パレット／数字鍵盤パレット）

手順

1 ツールバーから［選択カーソル］をクリックして選択します。
2 置き換えたい数字をクリックして選択します。

> **ヒント** 数字が黄色く変化するポイントでクリックします。

3 数字が選択され緑色になり、入力位置を示すキャレット（グレーの縦線）がクリックした位置に表示されます。

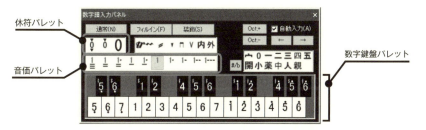

4 ［数字譜入力パネル］で左上の［通常］をクリックしてオン（水色に点灯した状態）にし、［自動入力］左の□をクリックしてチェックを付けておきます。

5 [音価パレット] から、選択した数字と同じ長さの音価をクリックして選択します。

> **ヒント!** カーソルを合わせると小窓が開き、音価の名前が表示されます。

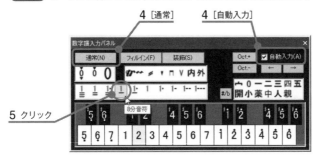

5 クリック

6 **休符に置き換える場合**

[休符パレット] から入力したい休符をクリックして選択します。

数字に置き換える場合

[数字鍵盤パレット] で入力したい数字をクリックします。

> **ヒント!** [Oct. +] または [Oct. -] をクリックすると、表示する数字を1オクターブ単位で上または下に移動することができます。

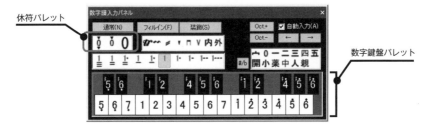

7 選択していた数字が置き換えられます。

> **ヒント!** 同時に、キャレットが次の数字へ移動します。

> **ヒント!** [数字譜入力パネル] では、他に運指記号を挿入することもできます。このときも、[自動入力] にチェックを付けておけば、運指記号をクリックするだけで、キャレット位置の数字に運指記号を挿入していくことができます。

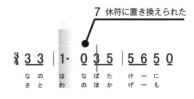

7 休符に置き換えられた

section 6　楽譜データの活用術

数字譜の編集④　数字の長さの修正　Pro

数字の長さは、［プロパティ］ウィンドウで修正します。

手順

1. ツールバーから［選択ツール］を選択します。
2. 修正したい数字をクリックして選択します。

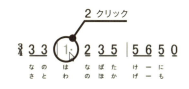

ヒント！　数字が黄色く変化するポイントでクリックします。

3. ［プロパティ］ウィンドウの［種類］欄右をクリックすると表示されるリストから、音符（または休符）の種類を選択します。

ヒント！　数字を選択すると音符のリストが、休符の「0」を選択すると休符のリストが表示されます。

4. **付点を追加する**

付点を追加したい場合は、［付点］欄で追加したい付点をクリックして選択します。

ヒント！　［なし］を選択すると、付点を削除することができます。

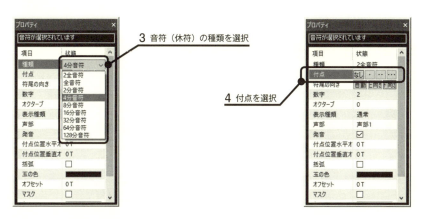

5. 選択していた数字の長さが変更されます。

数字譜の編集⑤ 数字の挿入 Pro

数字の挿入は、[数字譜入力パネル]からおこないます。

ヒント！ [数字譜入力パネル]は、[表示]メニューの[パレット／パネル]から[数字譜入力パネル]を選択すると開きます。

注意！ [数字譜入力パネル]は、楽譜に数字譜パートがあるときのみ、開くことができます。

（手順）

1 [数字譜入力パネル]で左上の[通常]をクリックしてオン（水色に点灯した状態）にしておきます。

2 [自動入力]左の□をクリックしてチェックを外しておきます。

ヒント！ [自動入力]にチェックを付けておくと、キャレットの位置に選択した数字が入力されます（すでに数字が入力されている場合は置き換えられます）。

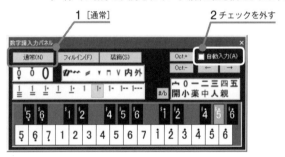

3 [音価パレット]から挿入したい音価をクリックして選択します。
休符の場合は、挿入したい休符と同じ長さの音符をクリックして選択しておきます。

ヒント！ カーソルを合わせると小窓が開き、音価の名前が表示されます。

4 [数字鍵盤パレット]（休符の場合は[休符パレット]）で、入力したい高さの数字をクリックして選択します。

ヒント！ [Oct.＋]または[Oct.－]をクリックすると、表示する数字を1オクターブ単位で上または下に移動することができます。

section 6　楽譜データの活用術

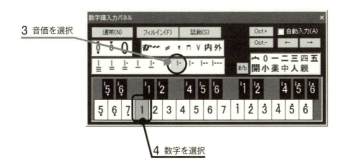

3 音価を選択

4 数字を選択

5 カーソルを五線の上に移動すると、🖱の先に選択した数字が表示されるので、入力位置に合わせてクリックします。

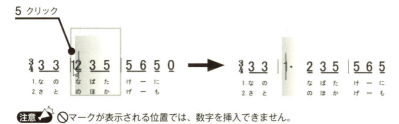

5 クリック

注意 ⊘マークが表示される位置では、数字を挿入できません。

6 クリックした位置に数字が挿入されます。

ぷらす1ポイント

　イチから数字譜を入力する場合も、[数字譜入力パネル] を使います。
　手順は「挿入」の場合とほぼ同じ。ただイチから入力する場合は、[自動入力] にチェックを付けておくと便利です。こうすると、音価を選択したあと、[数字鍵盤パレット] で入力したい数字をクリックすると、すぐにキャレットの位置に数字が入力されます。
　入力と同時にキャレットは次の入力位置に移動するので、次の数字の入力にもスムーズに移れますね。

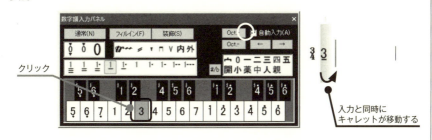

クリック

入力と同時にキャレットが移動する

4 音データに変換して活用する

作成した楽譜データを音データに変換すれば、スコアメーカーを持っていない友人に聴いてもらったり、また、練習用のカラオケ・データとして利用したり、活用の幅が広がります。

MIDI ファイルに変換する　Pro Std Lite

音データには大きく分けて2種類あります。

1つ目が「MIDI ファイル」です。スコアメーカーで作成した楽譜ファイルを MIDI ファイルとして保存してみましょう。

手順

1 変換したいファイルを開いておきます。
2 [ファイル] メニューの [エクスポート] から [SMF] をクリックします。

> ヒント！ 「SMF」は、Standard MIDI File の略です。

3 [SMF エクスポート] 画面が開きます。

section 6　楽譜データの活用術

4 ［保存する場所］を選択します。
5 ［保存形式］を選択します。
　　［フォーマット0］では、全パートのデータが1つのデータとして保存されます。
　　［フォーマット1］では、各パートごとに分かれた形で保存されます。
　　通常はこの［フォーマット1］での保存をオススメします。
6 ［対応音源］を選択します。
7 ［ファイル名］を入力します。

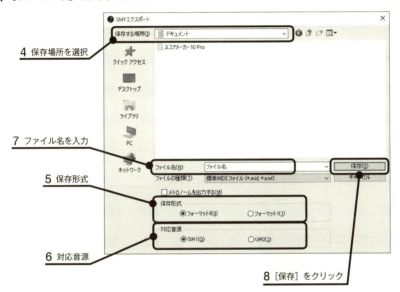

4 保存場所を選択
7 ファイル名を入力
5 保存形式
6 対応音源
8 ［保存］をクリック

8 ［保存］をクリックします。
9 ファイルがMIDIファイルとして保存されます。

> ヒント！　「.mid」は、Standard MIDI Fileを表す拡張子です。

■MIDI ファイルの活用法

　変換したMIDIファイルは、他のMIDI編集ソフトで読み込んで加工したり、外部MIDI音源に読み込ませて、より高音質な音で再生することもできます。

MIDI ファイル
MIDIファイル.mid

　また、MIDIファイルはデータサイズが小さいので、気軽にメールに添付して送ることができます。もし相手方がスコアメーカーを持っていない場合でも、MIDIファイルなら、WindowsMediaPlayerなどを使って再生して聴くことができます。

オーディオファイルに変換する　Pro Std Lite

2つ目が「オーディオファイル」です。
作成した楽譜ファイルをオーディオファイルとして保存しましょう。

(手 順)

1 保存したいファイルを開いておきます。
2 [ファイル] メニューの [エクスポート] から [WAVE] を選択します。

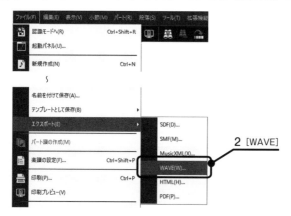

3 [WAVE エクスポート] 画面が開きます。
4 [保存する場所] を選択します。
5 [ファイル名] を入力します。

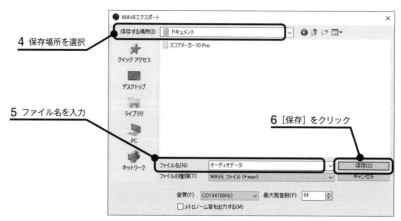

6 [保存] をクリックします。
7 ファイルがオーディオファイルとして保存されます。

section 6 楽譜データの活用術

■オーディオファイルの活用方法

オーディオファイル

オーディオファイルとは、音楽などの音声データを収めたファイルのことです。MIDIファイルの場合どの音を鳴らすかを機器に指示するだけなのに対し、オーディオファイルは音そのもののデータを持っているので、機器や装置の影響を受けずに鳴らすことができます。オーディオファイルにはいくつかの種類がありますが、スコアメーカーで扱えるのはWAVE（.wav）データです。

パソコンのCDドライブやWindowsに標準装備されているCD制作機能、または「ライティングソフト」と呼ばれるCD制作ソフトを使うと、作成したオーディオファイル（.wav）から音楽CDを作ることができます。作成したCDはCDプレーヤーでも再生することができるので、自作の曲などを配布しやすくなります。

ぷらす1ポイント

せっかく苦労して作った楽譜だから、音だけでなく楽譜もいっしょに見てもらいたい！
もちろん相手の方がスコアメーカーを持っていれば、作成した楽譜データを渡すだけでOK。スコアメーカーのファイルは、メールに添付して送ることもできるので、手軽にデータをやりとりすることができます。

では、相手方がスコアメーカーを持っていない場合は？
残念……！　とあきらめてしまう必要はありません。こんなときは、「スコアプレーヤー」の登場です。これはスコアメーカーの簡易版ソフトで、しかも無料（タダ）。発売元のサイトからダウンロードしてインストールするだけで、スコアメーカーで作成した楽譜データを開いて演奏させたり、さらには印刷することも可能です。
あらためてファイルをMIDIやオーディオデータに書き出す必要もなく、スコアメーカーのデータをそのまま活用できるので、ラクチンですね。

ぷらす1ポイント

たとえば、これまで作ったファイルをぜ～んぶ、オーディオファイルに変換したい！　そんなときに便利なのが、section 3でも紹介した「拡張キットシリーズ」の1つ、「ファイル管理ツール」です。このツールを使うと、複数のファイルを一括で変換することができます。section 3で紹介した「編集拡張キット」と違い、すべてのグレードで使用できます。

ファイル管理ツール

また、このファイル管理ツールの便利なところは、パソコン内のいろいろな場所に散らばっているファイルを、1つのウィンドウで管理できるところ。それに、スコアメーカーを起動しなくても、ファイルを見たり、演奏したりすることができるのも、なかなか魅力です。

※この「拡張キットシリーズ」は、全部で4種類。これまで紹介した「編集拡張キット」、「ファイル管理ツール」の他に、「分析拡張キット」、「作曲拡張キット」があります（ただし「ファイル管理ツール」以外は、Proのみ対応）。

5 パート譜として活用する

スコアメーカーでは、総譜さえきちんと入力してしまえば、パート譜を作成するのはとても簡単です。

パート譜を作成する　Pro Std Lite

全パートのパート譜が、一括で作成できます。

(手順)

1 パート譜を作成したい楽譜(総譜)を開いておきます。

2 [編集]メニューから[全体を選択]を選択します。

3 全パートの五線が選択され、楽譜全体がオレンジ色になります。

> ヒント [選択カーソル]で書き出したいパートだけを選択しておくと、特定のパートだけを書き出すこともできます。

4 [ファイル]メニューから[パート譜の作成]を選択します。

5 [パート譜作成オプション]画面が開きます。

6 [選択したパートをそれぞれパート譜にする]をクリックして選択します。

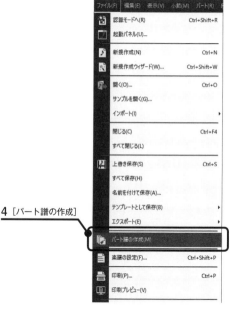

4 [パート譜の作成]

> ヒント [選択したパートをセットにしてパート譜にする]を選択すると、選択したパートを1つのパート譜にまとめて書き出すこともできます。

7 [五線の高さ]欄でパート譜に使用する五線サイズを指定します。

> ヒント 右の[現在]横には、総譜で使用されている五線サイズが表示されます。通常パート譜では、総譜より大きい五線を使用します。

8 [パート名]欄で、パート譜に表示するパート名の表示位置を選択します。

section 6　楽譜データの活用術

五線の左に通常のパート名と同様に表示したい場合は［段落左］、先頭ページの左上に表示したい場合は［左タイトル］を選択します。［ヘッダー］または［フッター］を選択すると、パート名がヘッダーまたはフッターとして入力されます。

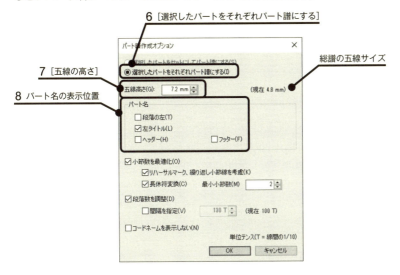

9 通常、残りの項目は初期設定のままで大丈夫です。［OK］をクリックして画面を閉じます。
10 全パートが、それぞれ別ファイルに書き出され、作成されたパート譜が開きます。

注意　楽譜の長さ、作成するパート譜の数によっては、表示まで時間がかかることがあります。

初期設定では［長休符変換］にチェックが付いているので、2小節以上続く休みの小節は、自動的に長休符にまとめられます。また、リハーサルマークや繰り返し小節線が考慮され、自動的に小節割りが再調整されます。

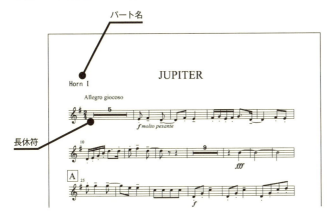

187

必要なパート譜がすべて開いたら、それぞれに名前を付けて保存しておきましょう。

ヒント！ 初期設定では、それぞれのパート譜には自動で「(総譜のファイル名)＿part＿(パート名)」がファイル名として割り当てられています。

■長休符の見た目を編集する

［楽譜の設定］画面では、長休符の長さや太さなど、その見た目を編集することができます。

（手 順）

1 ［ファイル］メニューから［楽譜の設定］を選択します。
　または、ツールバーの［楽譜の設定］ボタンをクリックします。
2 ［楽譜の設定］画面が開きます。
3 左のリストの［記譜ルール］から［その他］をクリックして選択します。
4 ［長休符の長さ］欄で長休符の長さを、［長休符の太さ］欄で長休符の太さを設定します。

ヒント！ 1T（テンス）＝五線の線間の 1 / 10 となります。

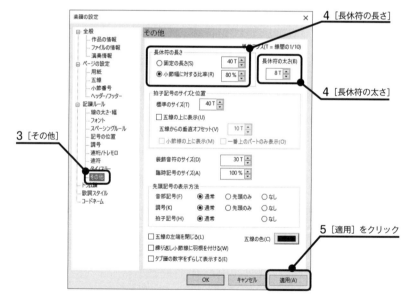

5 ［適用］をクリックすると設定した値が楽譜に反映されるので、楽譜を見ながら数値を調整します。
6 調整がすんだら、［OK］をクリックして画面を閉じます。

section 6　楽譜データの活用術

パート譜を声部ごとに書き出す　Pro

　総譜では、声部を使って１つの五線に２つのパートを記譜することがあります。その場合も Pro なら、[拡張機能] を使えばサクッと声部を分割することができるので、声部ごとにパート譜を書き出すのも簡単です。

> **注意** 全小節にわたって声部分けがされているパートに限ります。[フリー声部] を使ったパートは分割できません（ section 6 [自動声部割り振り]〔192 ページ〕参照）。

【手順】

1 [拡張機能] メニューから [声部ごとの分割] を選択します。
2 [声部ごとの分割] 画面が表示されます。
3 声部ごとに分割したいパートをクリックして選択します。

> **注意** グレー表示のパートを分割することはできません。

4 [符尾を調整する] をクリックしてチェックを付けておきます。

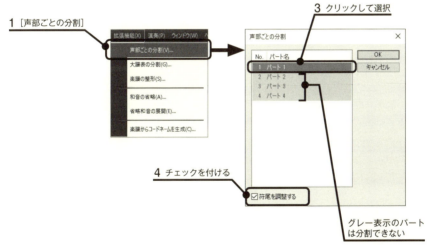

5 [OK] をクリックして画面を閉じます。
6 選択したパートが、声部ごとに２つの五線に分割されます。

7 あとは、通常の手順で、分割した２つの五線をそれぞれ個別にパート譜に書き出します。

6 他の楽譜作成ソフトとの連携

楽譜を作るソフトには、スコアメーカーの他にも、Finale や Sibelius など、いろいろなソフトがあります。同じ楽譜を作るソフトでも、できあがるファイルの形式はソフト固有のもので、そのままではお互いにファイルをやりとりすることはできません。

他の楽譜作成ソフトと連携するには、いくつかの方法があります。

MusicXML ファイルを介する　Pro Std Lite

まず1つ目は、MusicXML ファイルを介する方法です。

MusicXML ファイルとは、楽譜共有フォーマットのことで、他の楽譜ソフトとデータのやりとりを可能にするための仕様です。MusicXML に対応したソフトであれば楽譜のデータをやりとりすることができます。拡張子は「.xml」です。

■MusicXML ファイルとして保存する

スコアメーカーで作成した楽譜ファイルを MusicXML ファイルとして保存します。

（手順）

1 保存したいファイルを開いておきます。
2 ［ファイル］メニューの［エクスポート］から［MusicXML］を選択します。

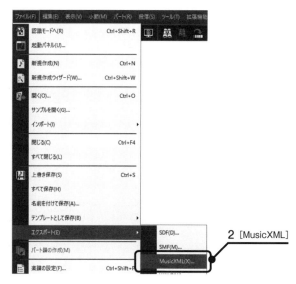

section 6 楽譜データの活用術

> **ヒント！** 保存の際、著作権について注意を促す画面が表示されます。目をとおしたら[OK]をクリックして[著作権について]画面を閉じます。[次回から表示しない]にチェックを付けておくと、次からは表示されなくなります。

3 [MusicXML エクスポート]画面が開きます。
4 [保存する場所]を選択します。
5 [ファイル名]を入力します。
6 [保存]をクリックします。

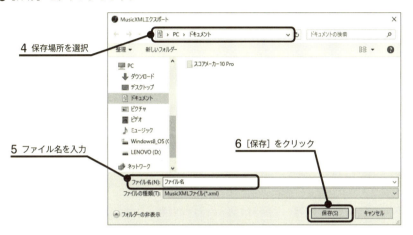

7 ファイルが MusicXML ファイルとして保存されます。

あとは、保存した MusicXML ファイルを他の楽譜作成ソフトで開くだけです。

> **ヒント！** 手順の詳細については、それぞれのソフトに付属のマニュアルなどを参照してください。

ただし、とても便利な MusicXML でも、完全な互換性があるわけではありません。読み込んだソフトで手なおしが必要になる場合もあるので、ご注意ください。

> **注意** スコアメーカーでは MusicXML ファイルをインポートすることはできません。

ぷらす① ポイント

MusicXML に対応していない、または MusicXML ではうまくいかない場合は、MIDI ファイルを介する方法もあります。

MusicXML と声部について　Pro Std Lite

　上記手順で保存しようとすると、図のような警告画面が表示されることがあります。これは、保存しようとしているファイルに、フリー声部を使って入力された音符や休符があるためです。

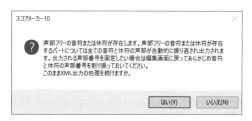

　フリー声部で入力された音符や休符は、MusicXML として保存する際に自動的に声部に割り振られるため、思った結果と異なることがあります。その場合は、スコアメーカー上で、音符や休符に声部を割り振ってから保存するようにしましょう。
　声部の割り振りは、[自動声部割り振り]を利用すると簡単です。

■[自動声部割り振り]

(手順)

1　[編集]メニューから[全体を選択]を選択します。
2　楽譜全体の五線が選択され、オレンジ色になります。
3　[パート]メニューから[自動声部割り振り]を選択します。

　これですべての音符や休符に、フリー声部以外の声部が割り振られます。

section 6 楽譜データの活用術

■手動で声部を割り振る

思った結果と異なる場合は、個別に修正します。

(手順)

1 ツールバーの[選択カーソル]をクリックして選択します。
2 音符をクリック、またはドラッグすると表示される□で囲むようにして選択します。
3 [プロパティ]ウィンドウの[声部]欄をクリックすると表示されるリストから、声部を選択します。

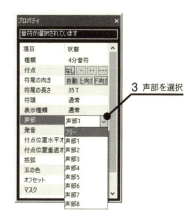

ぷらす１ポイント

　初期設定のままでは、声部を割り振っても画面上には何の変化も現れません。これでは「本当に声部に割り振られたの……？」と不安に思われるかもしれません。
　そんなときは[表示パレット]を使います。[属性]右の[▼]をクリックしてパレットを開き、[声部色分け表示]にチェックを付けると（すでにチェックが付いている場合も、一度チェックを外してから再度付けなおします）、楽譜の中の音符や休符が声部ごとに色分け表示されます。これなら、声部の割り振りを目で見て確認することができますね。
　それぞれの声部の色は、上記手順で色分け表示した状態で、[表示]メニューから[選択対象声部]を選択すると表示されるメニューで確認できます（声部は、フリー声部を含めく全部で9つあります）。
　[表示パレット]の[属性]では、声部の他にも、小節番号や段落のロック、不完全小節といった情報の表示・非表示も同様に設定できます。

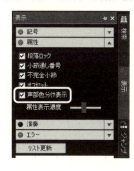
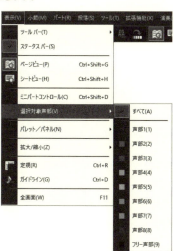

7 PDF ファイルとして活用する

スコアメーカーでは、PDF ファイルを読み込むだけでなく、作成した楽譜データを直接 PDF ファイルに変換することができます。

PDF は一般に多く使われているフォーマットで、無料の PDF 閲覧ソフトもあるので、渡した相手の OS の種類やバージョンが異なっていても、ほとんどの場合、開いて見ることができます。PDF にしてメールで送れば、受け取った人はキレイな楽譜を印刷することもできます。

> **ヒント!** PDF を閲覧するソフトの中には注釈を付ける機能を持つものもあり、そうしたソフトを使えば、PDF を受け取った人が楽譜に文字や図形などを書き込むこともできます。

PDF ファイルに変換する Pro Std Lite

手順

1 PDF ファイルに変換したい楽譜を開いておきます。
2 [ファイル] メニューの [エクスポート] から [PDF] を選択します。

3 [PDF エクスポート] 画面が開きます。
4 [保存する場所] を選択します。
5 [ファイル名] を入力します。
6 [保存] をクリックします。

section 6　楽譜データの活用術

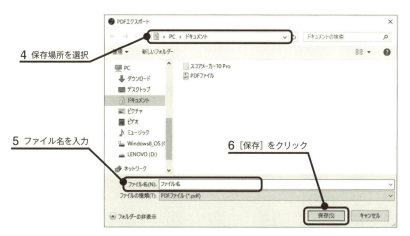

4 保存場所を選択

5 ファイル名を入力

6 ［保存］をクリック

7 ファイルが PDF ファイルとして保存されます。

 ポイント

作成した PDF ファイルは、もう音が出ない……？

いえいえ、そんなことはありません！　スコアメーカーの開発元、カワイから発売されている iPad 専用アプリ「PDF ミュージシャン」を使えば、PDF 形式の楽譜を表示するだけでなく、取り込んだ楽譜を演奏させたり、手書き感覚でメモを書き込むことまで、できてしまうのです。

パソコンで作成した PDF データは、メールや iTunes、Dropbox などを経由して、サクッと PDF ミュージシャンに取り込むことができます。これなら作成した楽譜データを手軽に持ち出して、いつでもどこでも練習に活用できますね。

無料の「PDF ミュージシャン Free」も用意されているので、一度、試してみてはどうでしょうか。

KAWAI　PDF ミュージシャン

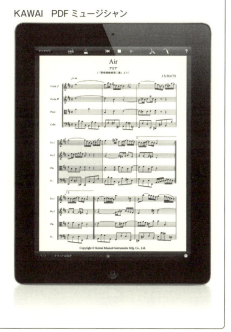

8 画像ファイルとして活用する

　文書の中に楽譜を貼り込みたい、楽譜の一部分だけを取り出して表示したい、ということがあります。

　そんなとき、スコアメーカーでは、楽譜を画像データとして一時的にクリップボードに取り込むことができます。画像として取り込んだデータは、一太郎やワードなどのワープロソフトに貼り付けたり、画像処理ソフトでアレンジすることができます。

画像形式でコピーする　Pro Std Lite

取り込み方はとても簡単です。

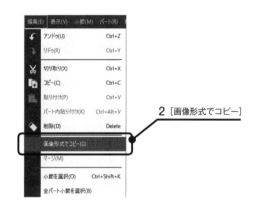

手順

1 保存したいファイルを開いておきます。
2 ［編集］メニューから［画像形式でコピー］を選択します。
3 カーソルを楽譜上に移動すると、♀から［+］に変わります。
4 ドラッグすると表示される□で、画像形式で保存したい部分を囲むようにして選択します。

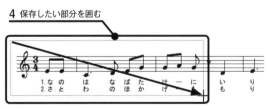

4 保存したい部分を囲む

選択中の画像のサイズ

ヒント 楽譜をドラッグすると、画面下のステータスバーに薄いグレーで表示されている□で選択している画像のサイズ（単位は「px（ピクセル）」）が表示されます。

196

section 6　楽譜データの活用術

5 ［コピーする画像の設定］画面が開きます。
6 ［解像度］欄の［▼］をクリックすると表示されるリストから、画像の解像度を選択します。

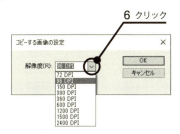

6 クリック

ヒント！ うまく範囲を選択できなかった場合は、ここで［キャンセル］をクリックして画面を閉じ、もう一度手順2からやりなおします。

7 ［OK］をクリックすると選択した範囲が画像データとしてクリップボードへ取り込まれます。
8 一太郎やワードなど、画像を貼り付けたいソフトを起動し、貼り付けたい場所にカーソルを移動します。
9 メニューから［貼り付け］を選択します。
10 取り込んだ画像が、指定した位置に貼り付けられます。

ヒント！ ［コピーする画像の設定］画面で解像度を大きめに設定しておき、貼り込み先で縮小させるとよりキレイな画像になります。

ペイントに貼り付けた場合

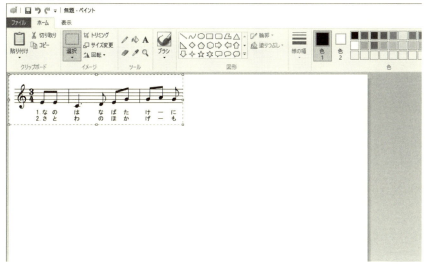

9 印刷して活用する

できあがった楽譜データは、画面上だけでなく、プリンタで印刷して実際の演奏などで使用することができます。

印刷の手順 Pro Std Lite

楽譜を印刷する前に、プリンタを正しくパソコンに接続し、必要なドライバなどをインストールしておきます。

ヒント！ プリンタの接続やドライバのインストールについては、プリンタの説明書などを参考にしてください。

では実際の印刷手順です。

手順

1 [ファイル] メニューから [印刷] を選択します。
   または、ツールバーの [印刷] ボタンをクリックします。

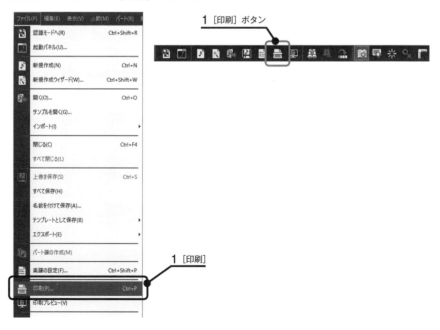

section 6 楽譜データの活用術

2 [印刷] 画面が表示されます。

> 注意 お使いのプリンタや OS、ドライバのバージョンなどによって画面が異なる場合があります。

3 [プリンタ名] 欄に、お使いのプリンタ名が表示されていることを確認します。
複数のプリンタをお使いの場合は、[▼] をクリックして使用するプリンタを選択します。

> ヒント プリンタ名が表示されない場合は、もう一度プリンタの接続やドライバのインストールなどを確認してください。

4 [印刷範囲]
すべてのページを印刷したい場合は、[すべて] をクリックして選択します。
ページ数を指定して印刷したい場合は、[ページ指定] をクリックして選択し、□にページ数を入力し、印刷したいページ範囲を設定します。

5 [印刷部数]
□に印刷したい部数を入力します。

6 [出力用紙]
印刷に使用する用紙サイズ、[縦] または [横] から用紙の向きを選択します。

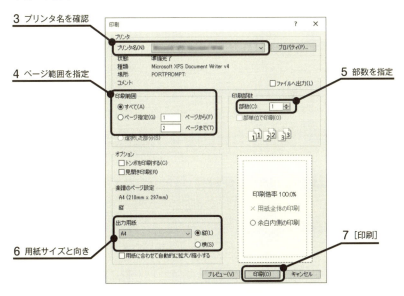

7 [印刷] をクリックします。

> ヒント [プレビュー] をクリックすると、印刷イメージを確認してから印刷することができます。

8 指定した範囲が指定した部数だけ印刷されます。

見開きページを1つの紙に印刷する　Pro

Proでは、見開きページを1つの紙にまとめて印刷することができます。

ヒント！ Std、Liteには［見開き印刷］のオプションはありませんが、プリンタのオプションなどで設定できる場合があります。

［印刷］画面で設定します。ポイントは次の3つ。

①［見開き印刷］をオンにする

［オプション］の［見開き印刷］をクリックしてチェックを付けます。

②出力用紙を横長に配置する

［出力用紙］の向きで［横］をクリックして選択します。

③用紙サイズ、または楽譜サイズを調整する

楽譜に設定した用紙サイズの2倍の出力用紙サイズを選択する。

または、［用紙サイズに合わせて自動的に拡大／縮小する］をクリックしてチェックを付けます。

ヒント！ 選択している用紙にちょうどよく収まるよう、楽譜のサイズが調整されます。

ヒント！ 右下のレビューに緑の破線で示されている楽譜の範囲が、用紙の中に収まるようにします。

注意！ 1ページ目は用紙の右側に印刷されます。用紙の左からはじめたい場合は、［楽譜の設定］画面での設定が必要です（Proのみ、section 8「ページ番号を左右対称に配置する」（252ページ）参照）。

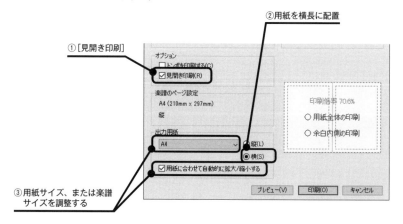

section 7
楽譜を思いどおりに演奏する

1 演奏する基本手順

「キレイな楽譜が作れる」ということもそうですが、「入力した楽譜が生きた音になる！」これも、スコアメーカーの大きな特長の1つです。

［演奏パネル］の操作　Pro Std Lite

section 1でも説明しましたが、楽譜の演奏は［演奏パネル］でおこないます。

［▶（演奏開始）］ボタンをクリックすると、演奏に合わせて、楽譜上を淡い ピンク色の縦棒が移動していくのがわかります。これは「ソングポインタ」といい、演奏しているポイントを示しています。

> **ヒント！** ［元画像］ウィンドウが開いている場合は、演奏に合わせて［元画像］も自動でスクロールされます。

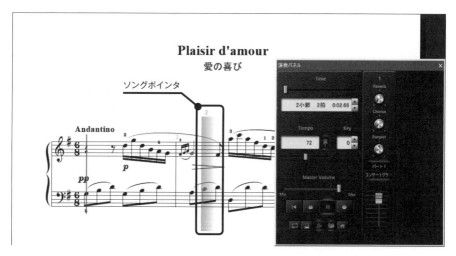

> **ヒント！** 「ソングポインタ」は、［ツール］メニューから［オプション］を選択すると開く［オプション］画面の［表示］でその表示スタイルを変更できます。初期設定の［グラデーション］の他、［ライン］、［小節矩形］（演奏中の小節が□で囲まれる）に変更することができます。

section 7 楽譜を思いどおりに演奏する

　[■（演奏停止）] ボタンをクリックして、途中で演奏を止めてみましょう。

　[演奏パネル] を見ると、[Time] 欄に先ほど演奏を止めた位置が小節番号と拍で表示されています。このまま再度 [▶（演奏開始）] ボタンをクリックすると、演奏を止めた位置、つまりソングポインタの位置から演奏されます。

　もう一度楽譜の先頭から演奏したい場合は、一度楽譜の最後まで演奏し終わるのを待つか、[演奏パネル] 左端の [|◀（巻き戻し）] ボタンをクリックしてから演奏します。

ツールバーで操作する　Pro Std Lite

　楽譜の演奏は、[演奏パネル] の他、ツールバーの右端にある [演奏ツールバー] でも操作できます。[▶] や [■] など、同じようなボタンが並んでいますね。操作方法は [演奏パネル] と同じです。

[演奏ツールバー]

ヒント！ [演奏ツールバー] は、[表示] メニューの [ツールバー] から [演奏ツールバー] を選択してチェックを付けると表示されます。

ヒント！ モニターの小さなノートパソコンをお使いの場合など、メニューにチェックを付けても [演奏ツールバー] が画面に表示されないことがあります。その場合は、ツールバーの右端に表示されている [▼] をクリックすると、右図のように表示しきれていないツールが表示されます。

　[演奏ツールバー] の利点は、[演奏パネル] に比べてサイズが小さいことです。

　[演奏パネル] を閉じて、演奏するときはこの [演奏ツールバー] で操作するようにすれば、画面スペースを有効に使えますね。モニターの小さなノートパソコンなどをお使いの方にはオススメです。

　もちろん、必要なときはいつでもメニューから選択すれば、[演奏パネル] を開くことができます。

2 音色いろいろ

楽譜を再生する音は、音源、音色とも自由に設定できます。

使用する音源の選択　Pro Std Lite

スコアメーカー・シリーズには、KAWAI オリジナルの音源が搭載されています。生の楽器の音をサンプリングした音源で、よりクリアな音で再生できます。
この他にも音源をお持ちの場合は、それらを選択して再生に使用することができます。

手順

1 [ツール] メニューから [オプション] を選択します。
2 [オプション] 画面が開きます。
3 左のリストから [再生] をクリックして選択します。
4 [再生デバイス] 欄の [▼] をクリックして、希望の音源を選択します。

ヒント! [オプション] 画面での設定は、すべてのファイルに有効です。

ヒント! [波形選択] 欄では、バージョン9で新しくなった [拡張]、またはバージョン8シリーズと同じ [8シリーズ互換] が選択できます（Lite では [拡張] は使用不可）。

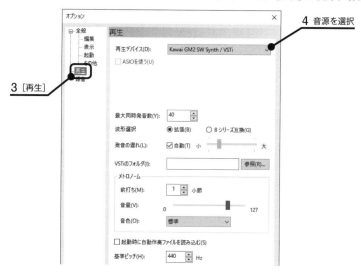

5 [OK] をクリックして画面を閉じます。

section 7　楽譜を思いどおりに演奏する

パートの音色を変更する　Pro Std Lite

各パートに対応した音色は、あとから自由に変更することができます。

■［ミニパートコントロール］で変更する

［ミニパートコントロール］を使えば、音色の変更も簡単です。［ミニパートコントロール］は、ソングポインタのある五線左に表示されます。

ヒント！　［ミニパートコントロール］は、［表示］メニューから［ミニパートコントロール］を選択してチェックを付けると表示されます。

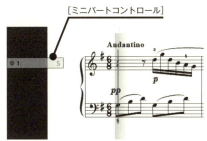

[ミニパートコントロール]

(手順)

1 音色を変更したいパートに表示される［ミニパートコントロール］のパート名を右クリックします。

ヒント！　パート名が表示されていない場合は、数字右の空欄部分を右クリックします。

2 表示されるメニューから［音色の変更］を選択します。

3 選択されている音色のサンプル音が鳴ると同時に、［音色の選択］画面が開きます。

4 音色をクリックして選択します。

ヒント！　[＋] をクリックすると、その楽器群に含まれた音色のリストが表示され、[−] をクリックするとリストが閉じます。

ヒント！　音色名をクリックすると、その音色のサンプル音が鳴り、耳で確認しながら音色を選択することができます。

5 [OK] をクリックして画面を閉じます。

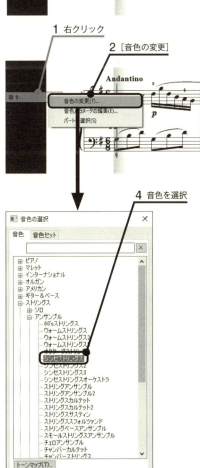

1 右クリック
2 [音色の変更]
4 音色を選択

■[演奏パネル]で変更する

[演奏パネル]から音色を変更することもできます。

[演奏パネル]のパート名の下、音色名が表示された部分をクリックします。すると選択されている音色のサンプル音が鳴ると同時に、[音色の選択]画面が開きます。あとの操作は[ミニパートコントロール]の場合と同じです。好きな音色を選択しましょう。

■[プロパティ]ウィンドウで変更する

パートの音色は、[プロパティ]ウィンドウで変更もできます。

音色を変更したいパートの五線左側の余白部分をダブルクリックしてパートを選択すると、[プロパティ]ウィンドウには選択したパートの詳細が表示されます。[音色]欄右に表示されている音色名をクリックすると、[音色の選択]画面が開きます。

section 7　楽譜を思いどおりに演奏する

パートの一部分で音色を変更する　Pro Std Lite

　パートの一部の小節だけ、音色を変えたい。
　そういう場合は［音色記号］を使います。音色記号は、歌詞やコードネームと同じ［テキスト］パレットから入力します。

手順

1　［テキスト］パレットの［音色記号］をクリックして選択します。
2　［プロパティ］ウィンドウの［音色］欄右の音色名をクリックします。
3　選択されている音色のサンプル音が鳴ると同時に、［音色の選択］画面が開きます。
4　希望の音色をクリックして選択します。

ヒント　［＋］をクリックすると、その楽器群に含まれた音色のリストが表示され、［－］をクリックするとリストが閉じます。

ヒント　音色名をクリックすると、その音色のサンプル音が鳴り、耳で確認しながら音色を選択することができます。

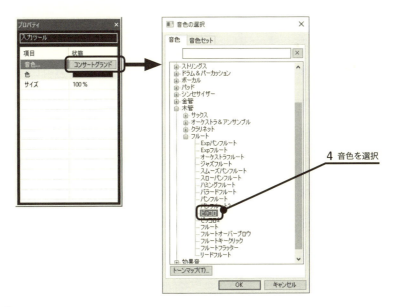

5　［OK］をクリックして画面を閉じます。

6 カーソルを楽譜の上に移動すると、の先に選択した音色名が青色で表示されます。

7 音色を変更したいポイントでクリックします。

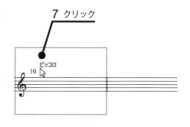

> **ヒント!** このとき、音色を変更したいパートの小節が青い□で囲まれるポイントでクリックします。

8 クリックした位置に、[音色記号] が入力されます。

再生すると、[音色記号] を入力した小節から、指定した音色に変更されます。

変更後、再度もとの音色に戻りたい場合は、戻りたいポイントに、もとの音色に設定した [音色記号] を入力します。

■音色記号を英語で表記する

音色の変更指示を「piccolo」などのように英語で表記したい場合は、音色記号を入力する前に [オプション] 画面で設定しておきます。

（手順）

1 [ツール] メニューから [オプション] を選択します。

2 [オプション] 画面が開きます。

3 左のリストの[全般]から[表示]をクリックして選択します。

4 [音色や自動伴奏パターン] 欄で [英語] をクリックして選択します。

5 [OK] をクリックして画面を閉じます。

6 これ以降に入力する音色記号が英語で表記されるようになります。

> **注意!** 上記手順では、すでに入力してある音色記号は変更されません。

> **ヒント!** すでに入力してある音色記号の表記を変更したい場合は、[選択カーソル] で選択したあと、[プロパティ] ウィンドウの [テキスト] 欄で修正します。[Enter] キーを押して確定すると、変更内容が楽譜に反映されます。

section 7　楽譜を思いどおりに演奏する

音色を編集する　Pro Std Lite

　バージョン9から、音の明るさや、立ち上がり、減衰、余韻、ビブラートなどを調整してお好みの音色にしたり、2つの音色をミックスして同時に発音することで音に厚みを持たせることができるようになりました。

　音色の調整は［音色パラメータ編集］画面でおこないます。

［音色パラメータ編集］画面

　［音色パラメータ編集］画面は、［ミニパートコントロール］、［演奏パネル］、［プロパティ］ウィンドウ、それぞれから開くことができます。

　［ミニパートコントロール］の場合は、パート名を右クリックし、表示されるメニューから［音色パラメータの編集］を選択します。

> **ヒント!**　パート名が表示されていない場合は、数字右の空欄部分を右クリックします。

　［演奏パネル］の場合は、音色名が表示された部分を右クリックします。［プロパティ］ウィンドウでは、パートを選択したあと、［音色パラメータ］欄の［編集］をクリックします。

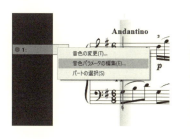 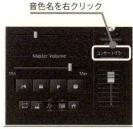 

> **ヒント!**　音色パラメータについては、「フィルター」や「エンベロープ」といったDTMに関する専門用語が出てきます。それらの詳細については、専門書などを参照してください。

3 テンポいろいろ

楽譜を演奏するテンポは、自由に設定できます。

速度標語によるテンポ　Pro Std Lite

［発想標語］パレットや［お気に入り］パレットから入力した速度標語には、あらかじめテンポが設定されていますが、［プロパティ］ウィンドウを使えば、自由に演奏テンポを指定することができます。

手順

1 ツールバーの［選択カーソル］をクリックして選択します。
2 速度標語をクリックして選択します。

　　ヒント！ このとき、速度標語が黄色く変化するポイントでクリックします。

3 ［プロパティ］ウィンドウの［テンポ（1分間の4分音符数）］欄右の□に数値を入力します。

　　ヒント！ この数値は、1分間に打つ4分音符の数を表しています。

4 Enter キーを押して確定します。

　　ヒント！ 楽譜を演奏すると、［演奏パネル］の［Tempo］欄には、手順3で設定したテンポが表示されます。

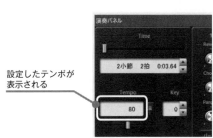

設定したテンポが表示される

210

section 7　楽譜を思いどおりに演奏する

メトロノーム記号によるテンポ　Pro Std Lite

メトロノーム記号を入力しておくと、記号の示すテンポで演奏されます。

このテンポを変更したい場合は、[選択カーソル]でクリックして選択したあと、メトロノーム記号自体を[プロパティ]ウィンドウで編集します。

> **ヒント** 詳細は、section 4「メトロノーム記号」(104ページ)を参照してください。

[楽譜の設定]画面によるテンポ　Pro Std Lite

楽譜に速度標語やメトロノーム記号などのテンポを設定する記号が入力されていない場合は、[楽譜の設定]画面で演奏テンポが決められています。

(手順)

1 [ファイル]メニューから[楽譜の設定]を選択します。
またはツールバーの[楽譜の設定]ボタンをクリックします。

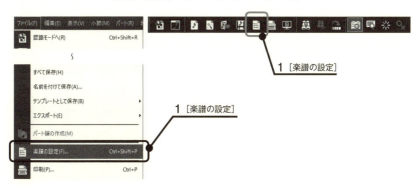

2 [楽譜の設定]画面が開きます(次ページ図参照)。
3 左のリストの[全般]から[演奏情報]をクリックして選択します。
4 [テンポ]欄に数値を入力し、テンポを設定します。

> **ヒント** この数値は、1分間に打つ4分音符の数を表しています。

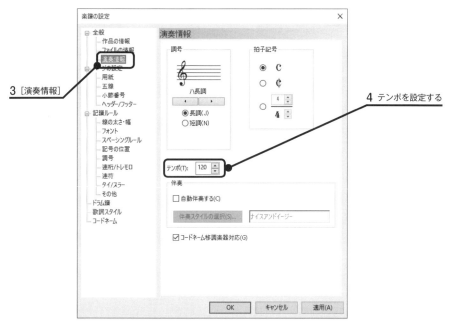

3 [演奏情報]

4 テンポを設定する

5 [OK] をクリックして画面を閉じます。

テンポを一時的に変更する　Pro Std Lite

　[演奏パネル] の [テンポスライダー] でもテンポを変更することができます。楽譜を演奏するとテンポが表示されるので、スライダーをドラッグして調整します。右にドラッグすると速くなり、左にドラッグすると遅くなります。

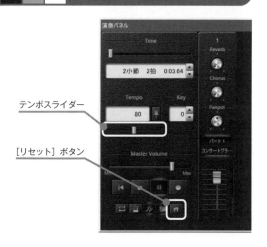

テンポスライダー

[リセット] ボタン

> **ヒント** テンポをもとに戻したい場合は、[リセット] ボタンをクリックします。

　ただしこの変更は一時的なもので、保存することはできません。スライダーで調整しながら最適なテンポを探し、見つかったら実際にテンポ記号やメトロノーム記号、[楽譜の設定] 画面で設定するなどのように利用するとよいでしょう。

section 7 楽譜を思いどおりに演奏する

テンポを変化させる　Pro Std Lite

楽譜の途中でテンポを変化させることもできます。

■速度標語やメトロノーム記号によるテンポ変化

楽譜の途中に速度標語やメトロノーム記号を入力すると、入力位置から記号に指定されたテンポに変化させることができます。

> **ヒント♪** テンポ設定については、📖 section 7「速度標語によるテンポ」(210ページ)、「メトロノーム記号によるテンポ」(211ページ) を参照してください。

テンポをもとに戻す

「Tempo I」を入力すると、その位置から楽譜の先頭に設定されているテンポ(または[楽譜の設定]画面で設定されているテンポ)に戻ります。

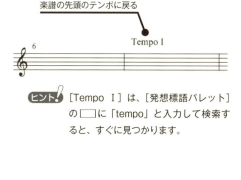

> **ヒント♪** [Tempo I] は、[発想標語パレット]の □ に「tempo」と入力して検索すると、すぐに見つかります。

■発想標語によるテンポ変化

［発想標語パレット］に用意されている *meno mosso*、*rit.* や *accel.* などのテンポ変化の指示は、入力すると自動で認識され、演奏に反映されます。

このときのテンポ変化の度合いは、［プロパティ］ウィンドウで調整できます。

> **ヒント** これらの記号は、［発想標語パレット］の［種類］欄で［テンポの時間的変化（変化率）］を選択しすると、リストアップされます。

(手順)

2 クリック

1 ツールバーから［選択ツール］をクリックして選択します。

2 テンポ変化の指示をクリックして選択します。

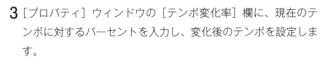

> **ヒント** このとき、記号が黄色く変化するポイント（記号の両端どちらか）をクリックして選択します。

3 ［プロパティ］ウィンドウの［テンポ変化率］欄に、現在のテンポに対するパーセントを入力し、変化後のテンポを設定します。

> **ヒント** 徐々にテンポが変化する記号の場合、記号の最終位置におけるテンポが、もとのテンポの何パーセントになるかを設定します。

> **ヒント** 「100」を入力すると、もとのテンポのまま変化しません。より小さな値を入力するとテンポが遅くなり、より大きな値を入力するとテンポが速くなります。

> **ヒント** ここには 1〜400 までの値が入力できます。

4 **Enter** キーを押すと入力した値が確定されます。

テンポをもとに戻す

もとのテンポに戻したい場合は、「*a tempo*」を入力すれば OK です。変化前のテンポに戻ります。

もとのテンポに戻る

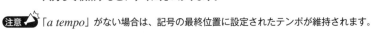

> **ヒント** ［*a tempo*］は、［発想標語パレット］の□に「tempo」と入力して検索すると、すぐに見つかります。

> **注意** 「*a tempo*」がない場合は、記号の最終位置に設定されたテンポが維持されます。

section 7　楽譜を思いどおりに演奏する

音量のいろいろ

音量を調整することで、演奏にさまざまな表情を付けることができます。

強弱記号による音量調整　Pro Std Lite

入力された強弱記号の音量は、[プロパティ]ウィンドウで調整することができます。
　強弱記号の音量は個別に設定できるので、同じ *p* でも、メロディ・パートの *p* は少し大きめに、伴奏パートではより小さめに、というふうに調整することもできます。

手順

1. ツールバーから[選択ツール]をクリックして選択します。
2. 音量を調整したい記号をクリックして選択します。

　ヒント！ このとき、記号が黄色く変化するポイントでクリックして選択します。

3. [プロパティ]ウィンドウの[ベロシティ値]欄の数値で音量を調整します。

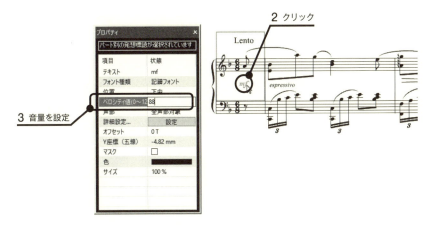

ぷらす1ポイント

ベロシティとは、音の強弱を表す数値で、0～127まで設定できます。「127」が最大値、「0」は無音を表します。

cresc.、*decresc.* の音量変化 　Pro　Std　Lite

　クレッシェンドやデクレッシェンドによる音量変化の具合も、前項同様［プロパティ］ウィンドウで調整できます。

　クレッシェンドやデクレッシェンドの場合は、［ベロシティ加算量］欄の値で調整します。記号の最終位置で、直前の音量（ベロシティ）にどれだけ加算するかを設定します。プラスの値を入力すると大きくなり、マイナスの値を入力すると小さくなります。値の絶対値が大きいほど、変化の度合いが大きくなります。

最終位置での加算値を設定する

パートごとの音量を調整する 　Pro　Std　Lite

　メロディ・パートは目立つように大きめの音量で、その他のパートは少し控えめの音量でというように、［演奏パネル］では、パートごとの音量を調整することもできます。

　特に、222 ページで説明する自動伴奏機能を使うと、伴奏パートの音量が大きすぎるように感じることがあります。その際も、［演奏パネル］で音量を調整することができます。

　手順は簡単。音量を調整したいパートに表示される［パート音量スライダー］を上下にドラッグし、音量を調整します。

　ヒント♪　楽譜を再生しながら操作できるので、耳で確認しながら調整できます。

　ヒント♪　左端の［Master Volume］では、全体の音量を調整することができます。

section 7　楽譜を思いどおりに演奏する

5　繰り返しの演奏

　スコアメーカーでは、入力されているさまざまな繰り返し記号を自動で認識し、正しい順序で演奏されます。さらに Pro であれば、演奏順序を自由に設定したり、演奏回数ごとに演奏するフレーズを指定することもできます。

演奏する順序を編集する　Pro

　Pro では、[演奏順序設定パネル]（次ページ図参照）を使うと、楽譜の演奏順序を自由に編集することができます。

注意　Std と Lite には[演奏順序設定パネル]はありません。

　まず、画面左下の[演奏順序設定]タブにカーソルを合わせて[演奏順序設定パネル]を開きます。これから演奏順序を編集するので、右上のピン[📌]をクリックして[📌]にしておくとよいでしょう。

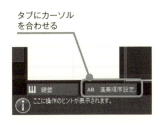

タブにカーソルを合わせる

ヒント　[表示]メニューの[パレット／パネル]から[演奏順序設定パネル]を選択して、ピンが止まった状態で開くこともできます。

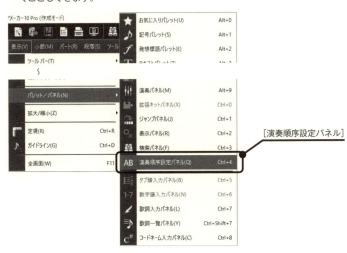

[演奏順序設定パネル]

217

パネルは薄いグレーのバーによって上下2つのセクションに分けられています。

ヒント 真ん中のグレーのバーにカーソルを合わせると が になり、上下にドラッグして各セクションの表示幅を調整することができます。

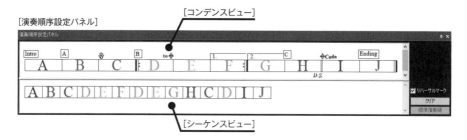

■［コンデンスビュー］

上の［コンデンスビュー］には、楽譜に入力されている反復小節線、反復記号、繰り返し括弧によって区切られたセクションが表示されます。さらに、右下の［リハーサルマーク］にチェックを付けると、リハーサルマークもセクションの区切りとして認識されるようになります。

ヒント ［コンデンスビュー］のセクション名をダブルクリックすると、セクションの先頭小節が表示されます。

注意 これらの記号が入力されていない楽譜はセクションに区切れないため、演奏順序を編集することができません。

［表示パネル］の［演奏］右の［▼］をクリックしてパネルを開き、［演奏ブロック］にチェックを付けると、楽譜には、各セクション名と同時に、セクションに割り振られたカラーのラインが表示されます。

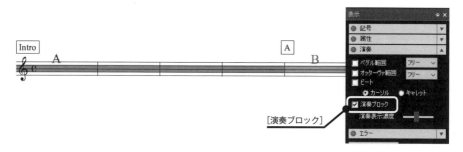

section 7　楽譜を思いどおりに演奏する

■［シーケンスビュー］

　下の［シーケンスビュー］には、実際の演奏順序がセクション単位のブロックで表示されます。

■演奏する順序の編集手順

　編集の手順は簡単。

　上の［コンデンスビュー］から、任意のセクションを下の［シーケンスビュー］にドラッグして、演奏したい順序に並べていきます。

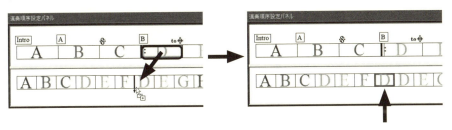

　［シーケンスビュー］でブロックを削除したい場合は、目的のブロックをクリックして選択したあと、Delete キーを押します。

> ヒント！　右下の［クリア］をクリックすると［シーケンスビュー］のブロックがすべて削除されて空欄になり、イチから演奏順序を設定することができます。

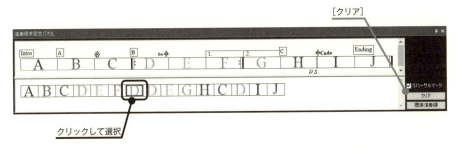

　手動で演奏順序を編集すると、パネル右下の［標準演奏順］がアクティブになります。これをクリックすると、手動での編集が取り消され、初期設定の順序に戻ります。

219

音符や記号の演奏回数を指定する　Pro

　歌の楽譜などでは、歌詞に合わせて1回目と2回目で演奏するリズムやメロディを変えたいことがあります。Proでは、特定の音符や記号に対して、演奏回数を指定することができます。

注意 StdとLiteでは、演奏回数を指定することはできません。

手順

1 ツールバーから[選択カーソル]をクリックして選択します。

2 演奏回数を指定したい音符や記号をクリックして選択しておきます。

2 クリックして選択

ヒント Ctrl キーを押しながらクリックすると、複数の音符や記号を選択することができます。

3 [ツール]メニューから[X Time Play]を選択します。

4 [X Time Play設定]画面が開きます。

5 [プリセットを選択]をクリックし、プリセットを選択します。

5 プリセットを選択

ヒント 1回目だけ演奏する場合は[1x only]、1回目は演奏しない場合は[1x tacet]、2回目だけ演奏する場合は[2x only]を選択します。

section 7　楽譜を思いどおりに演奏する

演奏回数を任意で指定したい場合

［演奏指定］の［演奏］欄をクリックして、［○（演奏する）］、［×（演奏しない）］を自由に設定することもできます。

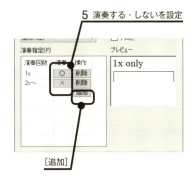

5　演奏する・しないを設定

ヒント！　［追加］をクリックすると、必要なだけ演奏回数を追加することができます。

［追加］

6　［表示種類］欄で楽譜に表示する記号のタイプを選択します。

ヒント！　［下向き］をクリックしてチェックを付けると、選択した記号が五線の下側に入力されます。

ヒント！　右下のプレビューで選択した記号のタイプを確認することができます。

7　必要に応じて［テキスト］欄に表示したい文字を入力します。

ヒント！　［フォント］欄で日本語フォントを選択すれば、「2回目のみ」など、日本語テキストを入力することもできます。

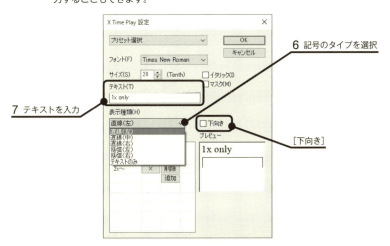

6　記号のタイプを選択

7　テキストを入力

［下向き］

8　［OK］をクリックして画面を閉じると、選択した記号が表示され、指定した回数にのみ演奏されるようになります。

ヒント！　記号が黄色く変化するポイント（両端どちらか）をドラッグすると、位置を調整することもできます。

221

6 自動伴奏を付けて演奏する

スコアメーカーでは、コードネームを入力しておくと、いろいろなスタイルで伴奏を付けて演奏してくれます。

自動伴奏する Pro Std Lite

自動伴奏の設定は、[楽譜の設定] 画面でおこないます。

(手順)

1 [ファイル] メニューから [楽譜の設定] を選択します。
  またはツールバーの [楽譜の設定] ボタンをクリックします。
2 [楽譜の設定] 画面が開きます。
3 左のリストの [全般] から [演奏情報] をクリックして選択します。
4 [伴奏] 欄の [自動伴奏する] をクリックしてチェックを付けます。
5 [伴奏スタイルの選択] をクリックします。

3 [演奏情報]
4 チェックを付ける
5 クリック

6 [伴奏スタイルの選択] 画面が開くので、伴奏スタイルをクリックして選択します。

> ヒント！ [試聴する] にチェックを付けておくと、選択されているスタイルのサンプル演奏が鳴り、耳で確認しながら選択できます。

> ヒント！ 演奏したい楽譜と同じ拍子のスタイルを選択します。

7 [OK] をクリックしてすべての画面を閉じます。

section 7 楽譜を思いどおりに演奏する

楽譜を演奏すると、入力したコードネームに合わせて、選択したスタイルで伴奏が演奏されます。

このとき、[演奏パネル]を見ると、パートインジケータの一番左に新しく[伴奏パート]が追加され、選択したスタイル名が表示されているのがわかります。

このスタイル名をクリックすると再度[伴奏スタイルの選択]画面が開き、スタイルを選択しなおすことができます。

自動伴奏にバリエーションを加える　Pro Std Lite

自動伴奏機能では、コードネーム単位で、もっと自由にバリエーションを加えることができます。

手順は簡単。まず、[選択ツール]で任意のコードネームをクリックして選択し、[プロパティ]ウィンドウで編集します。[伴奏スタイル]欄をクリックすると[伴奏スタイルの選択]画面が開き、新しい伴奏スタイルを選択することができます。これで、設定したコードネームの位置から伴奏スタイルを変更することができます。

また、1つの伴奏スタイルの中にも、いくつかのバリエーションが用意されているので、楽譜の途中や同じフレーズが繰り返される部分などでバリエーションを変更すれば、伴奏の雰囲気を変えることができます。これは、コードネームの[プロパティ]ウィンドウ、[バリエーション]で選択できます。ここでは、フィルインやイントロ、エンディングなどを選択、挿入することもできます。

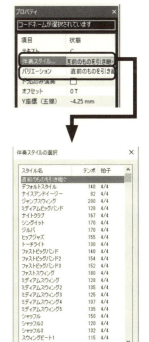

> **ヒント！** イントロやエンディングには、コード進行やメロディも含まれています。楽譜に設定された調の主和音となるコードネームを入力してイントロ（エンディング）の設定をしたら、[プロパティ]ウィンドウの[マスク]にチェックを付けて、コードネームが表示されないように設定しておくとよいでしょう。

223

7 いろいろな演奏テクニック

演奏するキー　Pro Std Lite

［演奏パネル］では、[Key] 欄右の［▲］または［▼］をクリックして、演奏するキーを一時的に上げたり下げたりすることもできます。ただしテンポの場合と同様に、この変更は一時的なもので、保存することはできません。

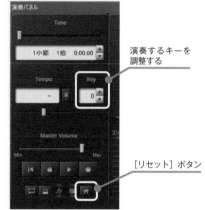

演奏するキーを調整する

[リセット] ボタン

ヒント　半音を1とし、「＋1」で1半音上がり、「-1」で1半音下がります。

ヒント　もとのキーに戻したい場合は、［リセット］ボタンをクリックします。

ヒント　実際に楽譜を移調したい場合は、section 6「楽譜全体を移調する」(160 ページ) を参照してください。

注意　VSTi を割り当てたパートは、上記手順でキーを変更することはできません。

指定位置から演奏する　Pro Std Lite

特定の位置から演奏させたい場合は、[プレーヤーカーソル] を使うと便利です。楽譜上をクリックするだけで、いつでもどこからでも演奏させることができます。

[プレーヤーカーソル]

カーソルが、▷に変わるので、演奏を開始したい位置をクリックします。

ヒント　クリックした小節から演奏がはじまります。

注意　小節の途中から演奏をはじめることはできません。

3 クリック

section 7　楽譜を思いどおりに演奏する

クリックした小節から演奏がはじまり、カーソルの形が □ に変わります。□ で楽譜の上をクリックすると、演奏が止まり、カーソルが ▷ に戻ります。

> **ヒント！** 停止する場合は、楽譜の上であれば、どこをクリックしても OK です。

小節範囲を指定して演奏する　Pro Std Lite

特定の小節範囲を指定して演奏することもできます。

（手 順）

1 ツールバーの［選択カーソル］をクリックして選択します。
2 演奏したい範囲の先頭小節をダブルクリックして選択したあと、パソコンキーボードの Shift キーを押しながら最終小節をダブルクリックして選択します。
3 選択した範囲の小節がオレンジ色になります。

4 再生すると、選択した小節だけが演奏されます。

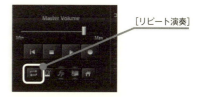

［リピート演奏］

> **ヒント！**［演奏パネル］の［リピート演奏］をクリックしてオンにしておくと、選択した範囲が繰り返し演奏されます。

演奏するパートを指定する　Pro Std Lite

パートを指定して演奏することもできます。

五線左に表示されている［ミニパートコントロール］のパート名が表示された部分をクリックすると、左の○が消灯し（グレーになる）、演奏されなくなります。つまり、演奏したいパートの○だけが点灯する（緑色になる）ように設定すればよいわけです。

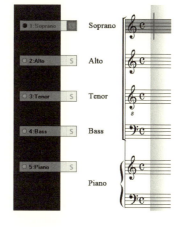

> **ヒント！**［ミニパートコントロール］は、［表示］メニューから［ミニパートコントロール］を選択してチェックを付けると表示されます。

> **ヒント！** 再度クリックすると緑色に点灯します。

1音だけ演奏する Pro Std Lite

[ツール]メニューから[オプション]を選択すると開く[オプション]画面の[編集]で、[音符選択時に発音する]にチェックを付けておくと、[選択カーソル]で音符をクリックして選択すると、音が鳴ります。音を確認したいときなどに、便利です。

強弱記号を無視して演奏する Pro Std Lite

[演奏パネル]の[強弱]ボタンをクリックして消灯すると、楽譜に入力されている強弱記号を無視して演奏されます。

[強弱]

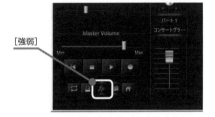

スウィングさせる Pro Std Lite

[記号パレット]の一番下に用意されているスウィング記号を入力すると、楽譜をスウィングさせて演奏することができます。

注意 □で囲んでいない記号は、ストレートに戻すための記号です。

[スウィング]

スウィングの度合いは、[選択カーソル]でスウィング記号を選択すると、[プロパティ]ウィンドウに表示される[スウィング量]欄で調整できます。

ヒント! 値が大きくなるほどスウィングの度合いが強くなります。

ヒント! 「-95」~「95」までの値を入力できます。

3 [スウィング量]

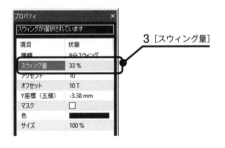

section 8
楽譜をレイアウトする

1 レイアウトの前に

楽譜をレイアウトする際は、全体が見渡せるように表示サイズを調整し、目安となる定規などを表示しておくと便利です。

ページ全体を表示する　Pro Std Lite

まずは表示サイズを調整して、ページ全体が表示されるようにしておきましょう。
[表示]メニューの[拡大/縮小]から[全体を表示]を選択します。これで、ページ全体を見渡しながら、レイアウトすることができます。

ヒント! [演奏パネル]など、必要のないパネルは閉じておくと、全体が見渡しやすくなります。

ぷらす1ポイント

逆に楽譜の表示サイズを拡大して細かな部分を確認したいこともあるでしょう。その場合は、パソコンキーボードの [Ctrl] キーを押しながら [+] キーを押します。[+] キーを押すごとに、画面が拡大されます。[+] キーの代わりに [-] キーを押すと、画面を縮小することができます。

section 8　楽譜をレイアウトする

定規を表示する　Pro Std Lite

［表示］メニューの［定規］を選択してオン（メニュー左のアイコンが点灯した状態）にすると、楽譜の左と上に定規が表示されます。

ヒント！ ツールバーの［定規の表示／非表示］ボタンをクリックして表示することもできます。

［定規の表示／非表示］ボタン

定規に表示される青い▲と破線は、楽譜の余白サイズを表しています。この青い▲をドラッグして余白サイズを変更することもできます。

また、先頭ページに表示される緑色の▶をドラッグすると、先頭ページ上の余白サイズを調整することができます。これは、先頭ページ上部にはタイトルなどが表示されるため、他のページよりも余白を広く取りたい場合が多いからです。

2 [楽譜の設定] 画面でレイアウトする

　まず [楽譜の設定] 画面で、用紙サイズや五線サイズ、1ページ当たりの段落数など、おおまかなレイアウトを決めます。

[楽譜の設定] 画面を開く　Pro Std Lite

　これまでもたびたび登場しましたが、ここでもう一度、[楽譜の設定] 画面を開く手順を見ておきます。

手順

1. [ファイル] メニューから [楽譜の設定] を選択します。
　または、ツールバーの [楽譜の設定] ボタンをクリックします。
2. [楽譜の設定] 画面が開きます。

> **ヒント** [楽譜の設定] 画面での設定は、操作中のファイルにのみ有効です。

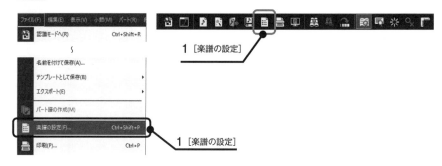

　楽譜のレイアウトでは、主に [ページの設定] の中の [用紙] と [五線] を使用します。

> **注意** [楽譜の設定] 画面は、お使いのグレードによって少し異なります。ここでは Pro の画面を使用しています。

> **ヒント** [楽譜の設定] 画面を開くと、前回使用した項目が開きます。

ぷらす1ポイント

　[楽譜の設定] 画面は、よく使う画面なので、ショートカットキーを覚えてしまうのも1つの手です。[Ctrl] キーと [Shift] キーを押しながら [P] キーを押します。これで [楽譜の設定] 画面が開きます。

section 8 楽譜をレイアウトする

用紙サイズを決める　Pro Std Lite

まずはじめに、楽譜の用紙サイズを決めます。

(手順)

1 左のリストの［ページの設定］から［用紙］をクリックして選択します。
2 ［用紙サイズ］の［▼］をクリックして表示されるリストから、用紙サイズを選択します。
3 ［向き］欄で用紙の向きを選択します。
4 ［適用］をクリックします。

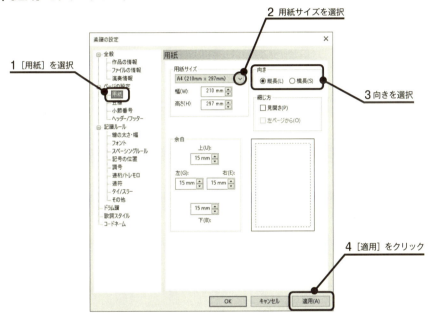

ヒント！ ［幅］、［高さ］欄に数値を入力して、リストにはない用紙サイズに設定することもできます。

［楽譜の設定］画面では、［適用］をクリックすると、すぐに変更内容が反映され、楽譜が再レイアウトされるので、目で確認しながら調整することができます。

ヒント！ ［OK］をクリックすると、［楽譜の設定］画面が閉じます。

余白サイズを決める Pro Std Lite

用紙サイズが決まったら、楽譜周りの余白サイズを決めます。

(手順)

1 左のリストの［ページの設定］から［用紙］をクリックして選択します。
2 ［余白］欄の［上］、［下］、［左］、［右］、それぞれの□に数値を入力し、余白サイズを設定します。

ヒント! 各項目の［▲］または［▼］をクリックして設定することもできます。

ヒント! 右下のプレビューに赤い破線で示されているのが余白サイズです。

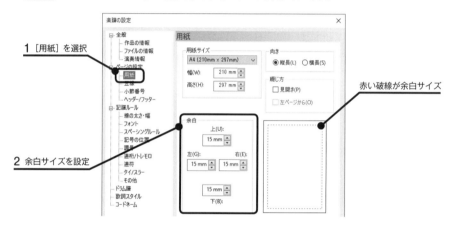

3 ［適用］をクリックします。

五線の高さを決める Pro Std Lite

五線の高さとは、五線の一番下の線から一番上の線までの高さを指します。入力されている音符や休符、記号などのサイズは、この五線の高さに合わせて決められています。

(手順)

1 左のリストの［ページの設定］から［五線］をクリックして選択します。
2 ［標準の五線高さ］欄の□に数値を入力し、五線サイズを設定します。

ヒント! ［▲］または［▼］をクリックして、設定することもできます。

section 8　楽譜をレイアウトする

1 [五線] を選択
2 五線サイズを設定

3 [適用] をクリックします。

1ページ当たりの段落数を決める　Pro Std Lite

「段落」とは、通常ひとまとまりの文章を指しますが、スコアメーカーでは、左側が1本の小節線で連結されたひとまとまりの五線を指しています。

> **注意**　初期設定では、五線が1本だけの場合、五線左の小節線は表示されません。

五線1本の場合、左小節線は表示されない

段落

この段落を1ページに最大いくつ収めるかを設定することもできます。

（手順）

1 左のリストの [ページの設定] から [五線] をクリックして選択します。

2 [配置] 欄の [最大段落数を指定] をクリックして選択し、□に数値を入力します。

3 [適用] をクリックします。

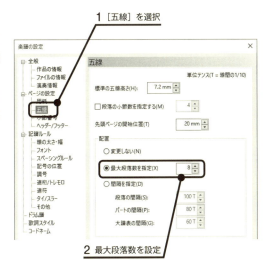

1 [五線] を選択
2 最大段落数を設定

233

3 小節割りを決める

おおまかなレイアウトができたら、あとは細かい部分を整えていきましょう。
まずは、各段落ごとの小節割りを決めます。
　曲の変わり目や繰り返し記号などを目印に、また長い譜面では譜めくりしやすい位置で……というように、「ここは」というポイントで調整すると、さらに見やすい楽譜に仕上がります。

次の段落に送る　Pro Std Lite

テキストを改行するように、指定した小節から次の段落に送ります。

（手順）

1 ツールバーの［選択カーソル］をクリックして選択します。
2 次の段落に送りたい先頭小節をクリックします。
3 クリックした小節の先頭にグレーの縦棒が表示されます。

4 ［段落］メニューから［段落の改行］を選択します。

4　［段落の改行］

5 ［段落ロックの確認］画面が表示されたら、指示に従って［段落内に挿入］または［OK］をクリックします（次ページ図参照）。

section 8　楽譜をレイアウトする

注意 ［キャンセル］をクリックすると、操作がキャンセルされます。

6 手順2でクリックした位置から後ろの小節が、次の段落に送られます。

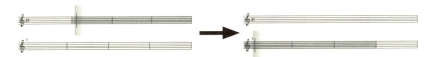

注意 ［段落ロックの確認］画面で［OK］をクリックした場合は、選択した小節から後ろの小節が新しい段落として挿入されます。

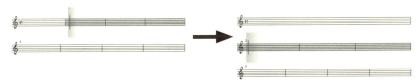

前の段落に送る　Pro Std Lite

同様の手順で、小節を前の段落に送ることもできます。

　前の段落に送りたい小節の、最終小節をクリックしたあと、［段落］メニューから［前段落へ繰り上げ］を選択します。［段落ロックの確認］画面が表示された場合の対処法も、［段落の改行］の場合と同じです。

全段落の小節数を同じにする Pro Std Lite

通常、入力されている音符や記号の数に応じて小節幅が決められ、それによって1段に収める小節の数が決められています。しかし場合によっては全段落の小節数を同じにしたい、ということもあるでしょう。その場合は、[楽譜の設定]画面でおこないます。

(手 順)

1 [ファイル]メニューから[楽譜の設定]を選択します。
   または、ツールバーの[楽譜の設定]ボタンをクリックします。
2 [楽譜の設定]画面が開きます。
3 左のリストの[ページの設定]から[五線]をクリックして選択します。
4 [段落の小節数を指定する]をクリックしてチェックを付け、1つの段落に収めたい小節数を□に入力します。

ヒント! [▲]または[▼]をクリックして設定することもできます。

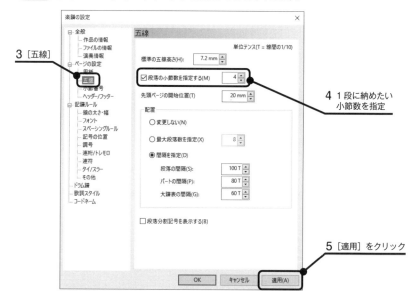

5 [適用]をクリックします。

ヒント! [適用]をクリックすると、変更内容が適用され、楽譜が再レイアウトされます。

ヒント! [OK]をクリックすると、[楽譜の設定]画面が閉じます。

section 8 楽譜をレイアウトする

段落をロックする　Pro Std Lite

せっかく手動で調整した小節割りが、誤って変更されないよう、段落をロックすることができます。

手順

1 [段落]メニューの[全ての段落のロック]から[全ロック]を選択します。

> **ヒント！** 小節を選択し、[段落]メニュー→[段落のロック]で特定の段落だけをロックすることもできます。

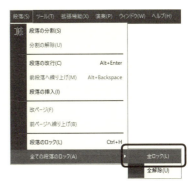

これで、すべての段落がロックされました。でも、見た目には何の変化も見られません。本当にロックされているかどうかを確認してみましょう。

[表示パレット]、[属性]右の[▼]をクリックしてパレットを開き、[段落ロック]をクリックして一度チェックを外してからもう一度クリックしてチェックを付けなおします。

すると、[属性]左の○が緑色に点灯し、各段落の両端に丸いピンの絵[♀]が表示されます。これは段落がロックされたことを示すマークです。

ロックを示すマーク

では試しに、このピン[♀]をどれか1つクリックしてみましょう。すると[○]になります。反対側の[♀]も同時に[○]になりましたね。これで、この段落のロックが解除されました。再度[○]をクリックすると[♀]になり、ロックしなおすことができます。

[表示パレット]、[属性]の○を消灯（グレー表示）、または[段落ロック]のチェックを外すと、この[♀]や[○]は表示されなくなります。

楽譜を終わりにする　Pro Std Lite

小節割りが整ったら、楽譜の最後を整えます。

楽譜の演奏は音符や記号が入力されている位置で止まりますが、楽譜の最後に余分な小節が続いていると、なんだか終わった感じがしません。余分な小節を処理して、楽譜を終わりにしましょう。

■終止線を入力する

楽譜の最後に、終わりを示す「終止線」を入力します。［お気に入り］パレットから入力することもできますが、ここでは［プロパティ］ウィンドウを使った手順で説明します。

（手順）

1 ツールバーの［選択カーソル］をクリックして選択します。
2 最後の小節線をクリックして選択します。

   ヒント！ このとき、小節線が黄色に変化するポイントでクリックします。

3 小節線が選択され、緑色になります。
4 ［プロパティ］ウィンドウの［小節線種類］欄をクリックすると表示されるリストから、［終止線］を選択します。

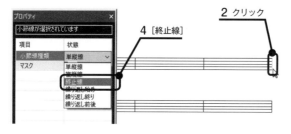

5 ［終止線の入力］という画面が開くので、［終止線を楽譜の終わりとして入力］をクリックします。

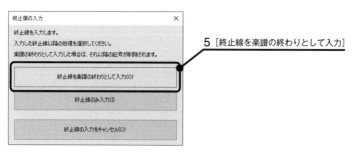

section 8 楽譜をレイアウトする

6 選択していた小節線が、終止線になり、以降の小節が消えます。

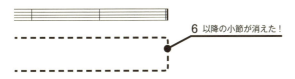

6 以降の小節が消えた！

> **ヒント！** 同様の手順で複縦線にすることもできます（複縦線の場合、後ろの小節は消えません）。

> **ヒント！** 手順5で［終止線のみ入力］をクリックすると、終止線だけが入力され、後ろの小節はそのまま残ります。

上記の手順で消えた小節はどこへ行ったのかというと……。

［表示パレット］、［記号］右の［▼］をクリックしてパレットを開き、［マスク記号］をクリックしてチェックを付けてみましょう。

［記号］左の〇が緑色に点灯し、上記手順で終止線を入力した後ろに薄いグレーで五線が表示されます。つまり、消えてどこかへいってしまったのではなく、表示されなくなっただけ、というわけです。

> **ヒント！** ツールバーの［マスク記号の表示／非表示］ボタンをオンにしても同じです。

ちなみにこのマスクされた五線は、こうして薄いグレーで表示されている間は、通常の五線と変わりなく、選択して、自由に編集することができます。

4 五線間の距離を決める

　五線と五線の間の距離を決めましょう。これには、［楽譜の設定］画面を使って全体で設定する方法と、個別に設定する方法があります。
　このとき気をつけたいのは、調整する順序です。
　必ず全体を調整したあと、個別に調整するようにします。個別に調整したあと、再度［楽譜の設定］画面で設定しなおすと、個別に調整した五線も、［楽譜の設定］画面で設定した値に調整しなおされてしまいます。

楽譜全体で変更する　Pro Std Lite

　五線間の距離を楽譜全体で調整するには、［楽譜の設定］画面でおこないます。
　ひと口に「五線間の距離」といっても、スコアメーカーでは次の３つに分別されています。設定の手順を説明する前に、整理しておきましょう。

　まず、各パートとパートの間が「パートの間隔」（大譜表は２つの五線をまとめて１パートとして数えます）。大譜表の２つの五線間が「大譜表の間隔」。そして段落と段落の間の距離を指す「段落の間隔」となります。
　たとえばピアノの連弾譜であれば、２つの大譜表間の距離は「パートの間隔」で、大譜表の２つの五線間の距離は「大譜表の間隔」で調整します。
　また、メロディ譜のようにパート（五線）が１つしかない楽譜の場合、五線間の距離を調整するには、「段落の間隔」を調整するわけです。

　では実際の手順です。

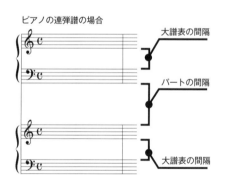

section 8　楽譜をレイアウトする

(手順)

1 [ファイル] メニューから [楽譜の設定] を選択します。
　または、ツールバーの [楽譜の設定] ボタンをクリックします。
2 [楽譜の設定] 画面が開きます。
3 左のリストの [ページの設定] から [五線] をクリックして選択します。
4 [配置] 欄の [間隔を指定] をクリックして選択します。
5 変更したい項目の [▲] または [▼] をクリックして、それぞれの距離を設定します。

　(ヒント!)　□に直接数値を入力して設定することもできます。

　(ヒント!)　1T (テンス) =五線の線間の 1 / 10 となります。

　(注意)　□に入力できるのは、「10」~「400」までの整数です。

6 [適用] をクリックします。

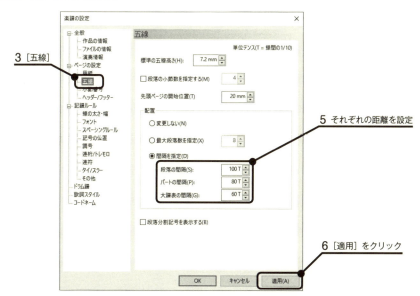

7 設定した数値が適用され、楽譜が再レイアウトされます。

　(ヒント!)　必要であれば、再度数値を調整しなおしましょう。

8 調整が終わったら、[OK] をクリックして画面を閉じます。

楽譜の一部で変更する　Pro Std Lite

　全体でおおまかな調整ができたら、次は、たとえば加線の多い音符が続く箇所や歌詞が複数番入力されている箇所など、段落ごと、必要に応じて五線間の距離を個別に調整します。

手順

1. ツールバーの［選択カーソル］をクリックして選択します。
2. 移動したい五線内の任意の小節をダブルクリックします。
3. クリックした小節が選択され、オレンジ色になります。
4. オレンジ色に選択された小節内を上下にドラッグします。

   ヒント！ ドラッグすると青い横線が表示され、上下の五線との距離が数値で表示されるので、それを目安に移動します。

5. 選択していた五線だけが移動します。

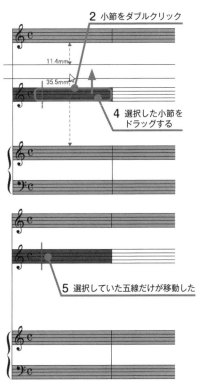

　手順2で Shift キーを押しながら複数のパートの小節をダブルクリックして選択しておくと、複数の五線を一度に移動することができます。

　また、小節内ではなく、パート間の余白部分をダブルクリックすると全パートの小節が一度に選択でき、段落全体を移動することもできます。

　どちらの場合も、ドラッグするときは、任意のパートのオレンジ色に選択された小節内をドラッグします。

■大譜表パートの五線間の距離

　大譜表パートの場合は、少し注意が必要です。

　移動したい五線内の任意の小節を選択するところまでは同じですが、大譜表には2つの五線がありますね。上下どちらの小節をドラッグするかで結果が異なってきます。

> **ヒント！** 大譜表パートの場合、小節をダブルクリックすると上下2つの五線が同時に選択されます。

(手 順)

大譜表全体の位置を移動する

1 オレンジ色に選択された上の五線の小節内を上下にドラッグします。
2 大譜表全体が移動します。

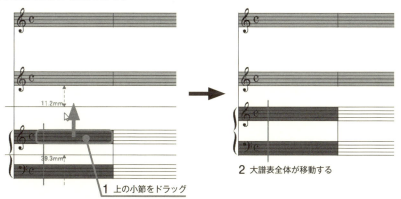

大譜表の間隔を調整する

1 オレンジ色に選択された下の五線の小節内を上下にドラッグします。
2 大譜表の下の五線だけが移動します。

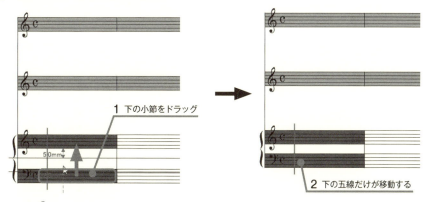

> **ヒント！** ドラッグすると青い横線が表示され、上下の五線との距離が数値で表示されるので、それを目安に移動します。

5 五線を結ぶ括弧

ここでいう括弧とは、五線左側を結ぶ括弧のことです。複数のパートを持つ楽譜では、よく似た種類の楽器、たとえばソプラノやアルトなどの歌のパート、またフルートやオーボエなどの木管楽器パートなどを括弧でくくって表記します。

この括弧を追加・削除したり、複数のパートを括弧で連結する手順を説明します。

括弧を追加・削除する Pro Std Lite

五線を結ぶ括弧の追加または削除は、パートの［プロパティ］で設定します。

（手順）

1 ツールバーの［選択カーソル］をクリックして選択します。
2 括弧を追加（削除）したい一番上のパートの五線左側の余白部分をダブルクリックします。
3 [Shift] キーを押しながら、括弧を追加（削除）したい一番下のパートの五線左側の余白部分をダブルクリックします。
4 パート全体の五線が選択され、オレンジ色になります。

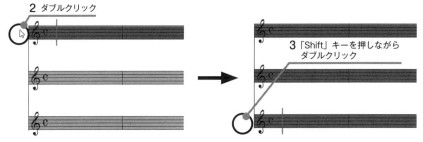

5 ［プロパティ］ウィンドウの［括弧］欄をクリックすると表示されるリストから、［通常］（または［なし］）を選択します。

> ヒント　［ひげ］を選択すると、大譜表で使われるような括弧を追加することができます。

> ヒント　［なし］を選択すると、括弧が削除されます。

section 8 　楽譜をレイアウトする

6 選択していたパートの左側に括弧が追加されます。

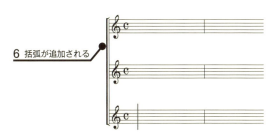

上記手順で、すでにそれぞれに括弧が付いているパートに対して括弧を付けなおすと、選択しているパート全体で、括弧をつなぐことができます。

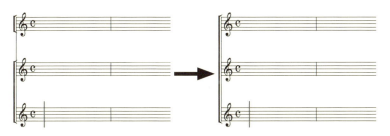

括弧を二重に付ける　Pro Std Lite

括弧でつながれたパートに、さらにもう1つ括弧を追加することもできます。

基本的な手順は同じです。括弧でつなぎたいパートを選択したら、今度は[プロパティ]ウィンドウの[外括弧]から括弧の種類を選択します。

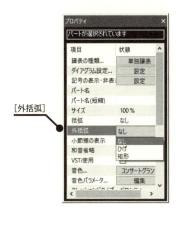

小節線の連結を変更する　Pro Std Lite

　括弧の編集に合わせて、小節線の連結方法も変更したい場合があります。この設定も、パートの［プロパティ］でおこないます。

（手順）

1 ツールバーの［選択カーソル］をクリックして選択します。
2 連結したいパートで、上側にあるパートの五線左側の余白部分をダブルクリックします。
3 パート全体の五線が選択され、オレンジ色になります。

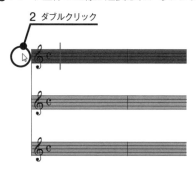

4 ［プロパティ］ウィンドウの［小節線の連結］欄の□をクリックしてチェックを付けます。
5 すぐ下のパートと小節線がつながれます。

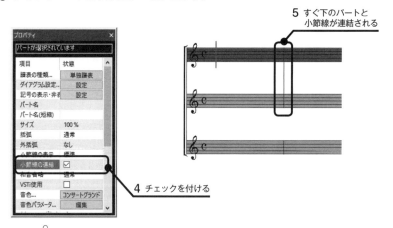

ヒント　［小節線の連結］欄の□をクリックしてチェックを外すと、連結が解除され、小節線が切り離されます。

section 8 楽譜をレイアウトする

6 小節番号の表示

小節番号を表示しない Pro Std Lite

初期設定では、小節番号は、1段落目以外の各段落の先頭に表示されますが、これをすべての段で表示しないように設定することもできます。[楽譜の設定]画面で設定します。

(手順)

1 [ファイル] メニューから [楽譜の設定] を選択します。
　または、ツールバーの [楽譜の設定] ボタンをクリックします。
2 [楽譜の設定] 画面が開きます。
3 左のリストの [ページの設定] から [小節番号] をクリックして選択します。
4 [表示方法] 欄で [表示しない] をクリックして選択します。

ヒント！ [段落の先頭に表示する] を選択すると、初期設定の表示に戻ります。

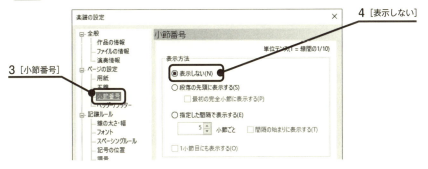

5 [OK] をクリックします。

小節番号の表示間隔を指定する Pro Std Lite

[楽譜の設定] 画面の [小節番号] では、たとえば5小節ごと、あるいは10小節ごとなど、表示間隔を指定して小節番号を表示させることもできます。

(手順)

1 前項手順1～3を参照して [楽譜の設定] 画面を開き、左のリストの [ページの設定] から [小節番号] をクリックして選択します。

2 ［表示方法］欄で［指定した間隔で表示する］をクリックして選択します。
3 すぐ下の□に小節数を入力して表示間隔を設定します。

> **ヒント!** ［間隔の始まりに表示する］をクリックしてチェックを付けると、たとえば［5小節ごと］に設定した場合、1、6、11小節目といように、指定した間隔の先頭小節に小節番号が表示されます。

> **ヒント!** ［段落の先頭に表示する］を選択すると、初期設定の表示に戻ります。

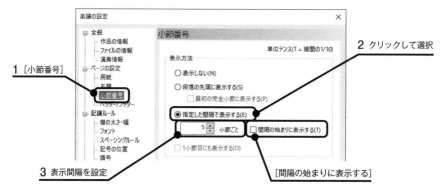

4 ［OK］をクリックします。

小節番号の開始番号を指定する　Pro　Std　Lite

［楽譜の設定］画面の［小節番号］では、楽譜の先頭小節の小節番号を指定することもできます。

（手順）

1 前項手順1～3を参照して［楽譜の設定］画面の［小節番号］を開きます。
2 ［開始番号］欄に、先頭小節に指定したい小節番号を入力します。

> **ヒント!** ［1小節目にも表示する］（アウフタクトの場合は［最初の完全小節に表示する］）にチェックを付けると、先頭小節にも小節番号が表示されます。

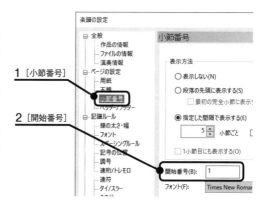

> **ヒント!** ［プロパティ］ウィンドウでは、任意の小節で自由に小節番号を振りなおすこともできます。

3 ［OK］をクリックします。

section 8　楽譜をレイアウトする

小節番号の位置　Pro Std Lite

小節番号の位置は、[楽譜の設定]画面で調整します。

> **注意**　小節番号は、個別に移動することができません。

> **ヒント**　複数のパートを持つ楽譜で、小節番号を表示するパートの設定は、[記号の表示設定]画面で設定します（ section 4「記号を表示するパートの設定」(118ページ)参照）。

(手順)

1 [ファイル]メニューから[楽譜の設定]を選択します。
  または、ツールバーの[楽譜の設定]ボタンをクリックします。

2 [楽譜の設定]画面が開きます。

3 左のリストの[ページの設定]から[小節番号]をクリックして選択します。

4 [水平位置]欄で[左]または[中央]をクリックして選択します。

4 水平位置

5 [水平方向オフセット]と[垂直方向オフセット]

> **ヒント**　[中央]を選択すると、小節の中央に小節番号が表示されます。

5 [水平方向オフセット]、[垂直方向オフセット]の値を調整します。

> **ヒント**　[水平方向オフセット]の基準（「0」）は、手順4で[左]を選択した場合は小節の左端、[中央]を選択した場合は小節中央になります。[垂直方向オフセット]では、五線の一番上の線の位置が基準（「0」）になります。

> **ヒント**　プラスの値を入力すると基準より右（または上）に、マイナスの値を入力するとより左（または下）に移動します。

> **ヒント**　「T（テンス）」は五線を基準とした単位で、五線の線間の1／10が1テンスになります。

6 [適用]をクリックして、変更内容を楽譜に反映、確認しながら調整します。

ぷらす1ポイント

　[楽譜の設定]画面の[小節番号]では、他にも小節番号のフォントやサイズを変更したり、小節番号を□で囲んだり（[枠で囲む]）することもできます。

7 ページ番号

初期設定では、ページ下中央にページ番号が表示されます。ページ番号の設定は、[楽譜の設定] 画面でおこないます。

ページ番号を挿入する　Pro Std Lite

ページ番号は、ヘッダー、またはフッターとして挿入します。

(手順)

1 [ファイル] メニューから [楽譜の設定] を選択します。
または、ツールバーの [楽譜の設定] ボタンをクリックします。

2 [楽譜の設定] 画面が開きます。

3 左のリストの [ページの設定] から [ヘッダー/フッター] をクリックして選択します。

4 ページの上に入力したい場合は [ヘッダー]、下に入力したい場合は [フッター] 欄で、ページ番号を表示したい水平位置を選択します。
左端に表示したい場合は [左/内]、中央に表示したい場合は [中]、右端に表示したい場合は [右/外] 欄右の □ をクリックします。

ヒント！　選択した □ の左端、中央、または右端にカーソルが点滅します。

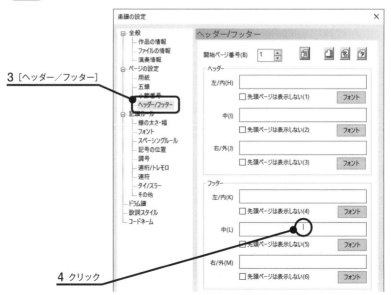

3 [ヘッダー/フッター]

4 クリック

section 8　楽譜をレイアウトする

5 [ページ番号] アイコンをクリックします。

> **ヒント** 残り3つのアイコンは、それぞれ左から
> [総ページ数]、[楽譜のファイル名]、[作品の「タイトル」] で、クリックすると、カーソル位置にそれぞれの情報が入力されます。

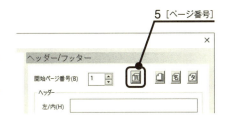

5 [ページ番号]

6 ページ番号を表す「%P」が入力されます。

7 ページ番号を入力した□右下の [フォント] をクリックすると開く [フォント] 画面で、ページ番号に使用するフォント、サイズなどを選択し、[OK] をクリックします。

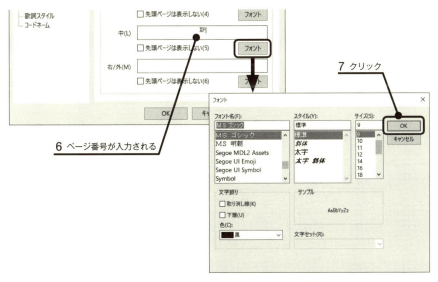

6 ページ番号が入力される

7 クリック

8 先頭ページにはページ番号を表示したくない場合は、手順6でページ番号を入力した□下の [先頭ページは表示しない] をクリックしてチェックを付けます。

8 チェックを付ける

9 [OK] をクリックします。
10 指定した位置、スタイルのページ番号が表示されます。

ページ番号を左右対称に配置する Pro

Proでは、ページ番号を左右で対称に(左ページは左端、右ページは右端)に配置することができます。

注意 Std、Lite では、ページ番号を左右対称に配置することはできません。

手順

1. [ファイル]メニューから[楽譜の設定]を選択します。
   または、ツールバーの[楽譜の設定]ボタンをクリックします。
2. [楽譜の設定]画面が開きます。
3. 左のリストの[ページの設定]から[用紙]をクリックして選択します。
4. [綴じ方]欄の[見開き]をクリックしてチェックを付けます。

ヒント 1ページ目を左からはじめたい場合は、[左ページから]をクリックしてチェックを付けます。

5. 左のリストの[ページの設定]から[ヘッダー/フッター]をクリックして選択します。
6. 前項を参照してし、[ヘッダー]または[フッター]の[右/外]欄にページ番号を入力します。
7. [OK]をクリックします。
8. ページの上または下の、左ページでは左端に、右ページでは右端に、ページ番号が表示されます。

[ヘッダー]の場合

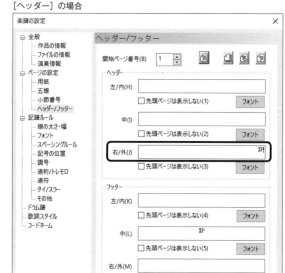

section 8　楽譜をレイアウトする

8　ちょっと特殊なレイアウト

最後に、ちょっと特殊な例を見てみましょう。

アウフタクト小節の［プロパティ］ Pro Std Lite

譜例のように、設定されている拍子記号より短い小節ではじまることを「アウフタクト（または弱起）」といいます。

アウフタクト小節は、音符を入力し終わったあと、［プロパティ］で設定すると、小節幅や小節番号が自動で調整されます。

手順

1 ツールバーから［選択カーソル］をクリックして選択します。
2 アウフタクト（弱起）小節をダブルクリックします。
3 小節が選択され、オレンジ色になります。
4 ［プロパティ］ウィンドウの［不完全小節］の□をクリックしてチェックを付けます。

これでアウフタクト小節の小節幅が入力されている音符などに合わせてキレイに整えられます。

またアウフタクト小節は通常、小節番号に数えません。それに合わせ、アウフタクト小節の次から小節番号が数えられるようになります。

独立したコーダ・パートを作成する Pro Std Lite

　コーダ・パートを持つ楽譜では、譜例のように、途中で五線を切り離して、コーダ・パートをわかりやすく表記することがあります。このような、独立したコーダ・パートを作成するには、その直前で五線を分割し切り離します。

注意 分割によって小節割りが変わらないようにするには、あらかじめ分割したい段落をロックしてから以下の手順に進んでください。

（手順）

1 ツールバーから［選択カーソル］をクリックして選択します。
2 コーダ・パートの先頭小節をクリックして選択します。
3 クリックした小節に、グレーの縦線（キャレット）が表示されます。
4 ［段落］メニューから［段落の分割］を選択します。

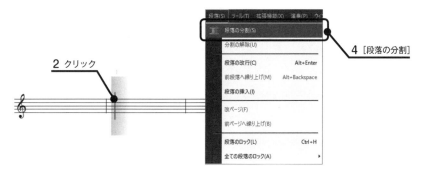

5 指定した位置で、五線が分割されます。

ヒント *D.S.* や 𝄋 などの反復記号は、記号パレットの［反復記号］に用意されています。

　分割した五線をもとに戻したい場合は、分割した先頭小節にキャレットを移動し、［段落］メニューから［分割の解除］を選択します。

section 8　楽譜をレイアウトする

■コーダ前の余白サイズを調整する

　分割したコーダ・パート前の余白サイズは、［プロパティ］ウィンドウで調整することができます。

　手順

1　ツールバーから［選択カーソル］をクリックして選択します。
2　分割した先頭小節をダブルクリックします。
3　小節が選択され、オレンジ色になります。

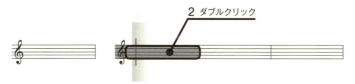

4　［プロパティ］ウィンドウの［分割幅］の数値を調整します。

　ヒント！　1T（テンス）＝五線の線間の 1/10 です。1 〜 1000 までの数値を入力します。

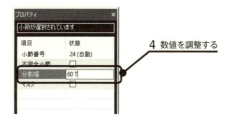

5　Enter キーを押して確定します。
6　分割した小節前の余白が、調整されます。

先頭五線のインデント　Pro Std Lite

　先頭五線の左位置は、入力されているパート名の文字数に合わせて、自動的に調整されます。ところが、ピアノ譜などでは、楽器名を表示しない場合も1段目の五線が他の段より少し右に下がっている場合があります。これも、前項で説明した［段落の分割］を使うと簡単に設定できます。

（手 順）

1　ツールバーから［選択カーソル］をクリックして選択します。
2　先頭小節をクリックして、グレーの縦線（キャレット）を先頭小節に移動します。

　　ヒント！　複数のパートを持つ楽譜の場合は、任意の五線をクリックします。

3　［段落］メニューから［段落の分割］を選択します。

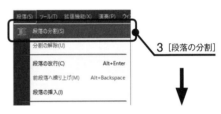

4　1段目の先頭が他の段より少し右に下がります。
5　先頭小節をダブルクリックします。

　　ヒント！　複数のパートを持つ楽譜の場合は、任意の五線で小節を
　　　　　　選択します。

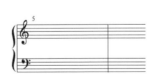

6　小節が選択され、オレンジ色になります。
7　［プロパティ］ウィンドウの［分割幅］の数値を調整します。

　　ヒント！　1T（テンス）＝五線の線間の1/10です。1～1000
　　　　　　までの数値を入力します。

8　Enter キーを押して確定します。
9　1段目の五線の先頭位置が、指定した数値分、右に下がります。

section 8 楽譜をレイアウトする

段末の予告 Pro Std Lite

　段の変わり目で音部記号や調号、拍子記号が変わるとき、直前の段末に予告の記号を記して注意を促します。この段末の予告記号は［プロパティ］ウィンドウなどを使って作成します。

①小節を挿入する

　すでに音符を入力してしまっている場合は、まず、段末の予告を入力するための空の小節を挿入します。

（手順）

1 ツールバーから［選択カーソル］をクリックして選択します。
2 挿入したい位置の後ろ側にある小節をクリックします。

> ヒント！　ここでは段末の予告を作成したい段落の、次の段の先頭小節をクリックします。

3 クリックした小節に、グレーの縦線、キャレットが表示されます。
4 ［小節］メニューから［空白小節の挿入］を選択します。
5 ［空白小節の挿入］画面が開きます。
6 □に挿入したい小節数、ここでは「1」を入力します。

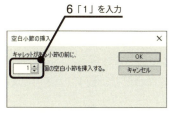

7 ［OK］をクリックします。
8 手順1でクリックした小節の前に空の小節が挿入されます。

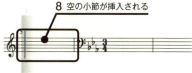

9 挿入した小節を前の段に送ります。

> **ヒント!** 📖 section 8「前の段落に送る」(235 ページ) を参照してください。

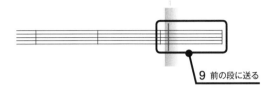

9 前の段に送る

②段落をロックする

前項手順9で小節を送った段落の小節が移動してしまわないよう、ロックします。

手順

1 前項手順9で小節を送った段落に、グレーの縦線(キャレット)があることを確認します。

> **ヒント!** キャレットが見あたらない場合は、小節をクリックして移動しておきます。

2 [段落]メニューから[段落のロック]を選択します。

> **ヒント!** チェックが付いている場合は、すでにロックされているということです。何もせず、そのまま次の手順に進みましょう。

③段末の予告を入力する

段末に空白の小節が挿入できたら、そこに予告の記号を入力し、小節幅を調整し、小節線をマスクします。

手順

1 段末の小節に予告記号(拍子記号や調号、音部記号など)を入力しておきます。
2 ツールバーから[選択カーソル]をクリックして選択します。
3 手順1で予告記号を入力した小節をダブルクリックします。

section 8　楽譜をレイアウトする

4 小節が選択され、オレンジ色になります。

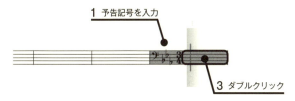

5 [プロパティ] ウィンドウの [不完全小節] の□をクリックしてチェックを付けます。

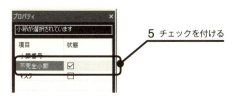

6 小節幅が調整されます。

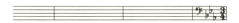

7 予告記号右の小節線をクリックします。

 小節線が黄色く変化するポイントでクリックします。

8 小節線が選択され緑色になります。
9 [プロパティ] ウィンドウの [マスク] 欄をクリックしてチェックを付けます。

10 楽譜の余白部分をクリックすると選択していた小節線が消え、段末の予告が完成します。

[不完全小節] に設定した小節は、小節番号に数えられません。
　また予告記号の小節には音符や休符が入力されていないので、再生の際は演奏されずに飛ばされます。

259

1段譜の五線の左端を閉じる Pro

初期設定では、段落に五線が1つしかない1段譜の場合、五線左の小節線は表示されませんが、Pro では、これを表示させることもできます。

注意 Std、Lite では、1段譜の五線左の小節線を表示させることはできません。

（手順）

1 ［ファイル］メニューから［楽譜の設定］を選択します。
　または、ツールバーの［楽譜の設定］ボタンをクリックします。
2 ［楽譜の設定］画面が開きます。
3 左のリストの［記譜ルール］から［その他］をクリックして選択します。
4 ［五線の左端を閉じる］をクリックしてチェックを付けます。

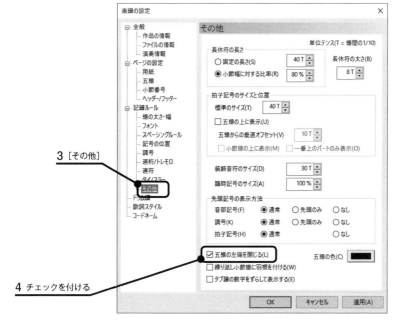

3 ［その他］

4 チェックを付ける

5 ［OK］をクリックします。

section 9

Question & Answer

Q1 Pro Std Lite 起動すると「自動保存のファイルがある」と表示されたのですが？

スコアメーカーでは、起動中、作業中のファイルを自動で保存してくれています。そのため、停電などの思わぬトラブルなどで正常に終了できなかった場合、次の起動時に自動保存したファイルによって作業中のファイルを復元するかどうかがたずねられます。「はい」をクリックすると、自動保存された最新のファイルが開き、被害を最小限にとどめることができます。

この自動保存のタイミングは、[ツール]メニューから[オプション]を選択すると開く[オプション]画面で設定されています。

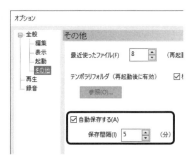

> ヒント！ 自動保存の間隔を任意に変更することができます。

> ヒント！ [自動保存]のチェックを外すと、自動保存されなくなります。

Q2 Pro Std Lite 直前の操作を取り消したい

「しまった！ 間違えた！」そんなときは、[編集]メニューから[アンドゥ]を選択すると、直前の操作を取り消して、1段階前の状態に戻ることができます。

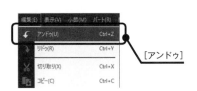

[アンドゥ]

> ヒント！ ショートカットキー Ctrl + Z を覚えておくと便利です。

> ヒント！ [編集]メニューの[リドゥ]を選択すると、取り消した操作を再度実行しなおすことができます。

> 注意 [アンドゥ]では取り消せない操作もあります。

section 9　Question & Answer

Q3　[Pro] 五線紙の風合いや楽譜の背景は変えられますか？

　Proでは、[ツール] メニューの [カスタマイズ] を選択すると開く [カスタマイズ] 画面で、五線紙の風合いや楽譜の背景を変更することができます。

> 注意　StdとLiteには、[カスタマイズ] 画面はありません。

> ヒント　[壁紙] には16種類、[五線紙] には23種類のパターンが用意されています。

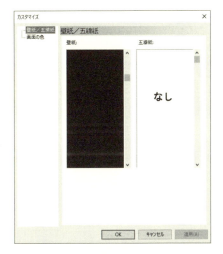

Q4　[Pro] [Std] [Lite] パレットの配置をもとに戻したい

　パレットやパネルをあちこち移動していたら、なんだか画面がごちゃごちゃして使いづらくなってしまった……もとに戻したい！　そんなときは、[ウィンドウ] メニューから [ウィンドウ配置のリセット] を選択するだけ。一瞬で、パレットやパネルがもとの（初期設定の）位置に戻ります。

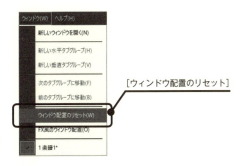

［ウィンドウ配置のリセット］

> ヒント　消してしまっていたパレットやパネルも現れて、もとの位置に戻ります。

Pro Std Lite
Q5 空の五線を開きたい

　スキャナを使わずに、まっさらな五線を開いてまったくイチから楽譜を作ることもできます。必要な五線を準備するには、[新規作成ウィザード]が便利です。

(手順)

1 [ファイル]メニューから[新規作成ウィザード]を選択します。
　または、ツールバーにある[新規作成ウィザード]ボタンをクリックします。

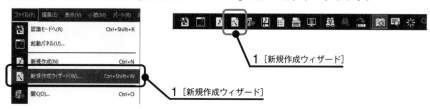

2 左のリストから、作成したい楽譜に適したテンプレートを選択します。
3 [用紙サイズ]、[向き]で、楽譜に使用する用紙サイズと用紙の向きを選択します。

　注意　Std、Liteでは、画面の内容が少し異なります。

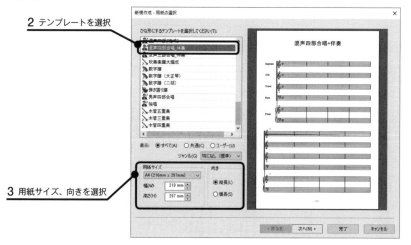

4 [次へ]をクリックします。
5 テンプレートに用意されているパートを確認します。

　ヒント　[戻る]をクリックすると1つ前の画面に戻り、設定しなおすことができます。

section 9 Question & Answer

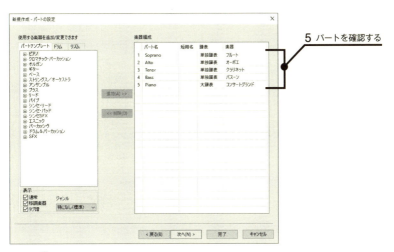

5 パートを確認する

ヒント！ 左のリストから追加したい楽器を選択して［追加］をクリックすると、右のリストにパートを追加することができます。左のリストで［＋］をクリックすると「−」になり、その楽器群に含まれる楽器のリストが表示されます。

ヒント！ 右のリストで楽器名左に表示されている数字をクリックして選択し、［削除］をクリックすると、右のリストからパートを削除することができます。

6 ［次へ］をクリックします。

7 ［調号］欄で［長調］または［短調］をクリックして選択し、［◀］または［▶］をクリックして調号を設定します。

8 ［拍子記号］欄で、拍子記号をクリックして選択します。
C、¢ 以外の拍子記号に設定したい場合は、3つ目の○（ラジオボタン）をクリックして選択し、［▲］または［▼］をクリックして希望の拍子記号になるよう設定します。

9 ［タイトル］など、必要な情報を入力します。
10 ［完了］をクリックします。
11 設定したパート、調号、拍子記号の空の楽譜が開きます。

Pro Std Lite

Q6 音符を手動で入力したい

音符を入力する手順には、いくつかの方法があります。

■クリックで入力する

1つ目は、パレットから音符や休符を選択して、1つずつクリックして入力する方法です。カーソルの先に表示される音符や休符を入力したい位置に合わせてクリックするだけなので、とても簡単です。

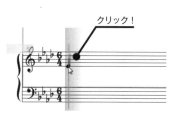

もし、極端に高い音や低い音を入力したい場合、隣の五線にカーソルの音符が吸い寄せられて、うまく入力できないことがあります。その場合は、適当な高さに入力したあと、目的の高さになるよう、修正します。

■パソコンキーボードで入力する

よりスピーディーに入力したい方にオススメなのが、パソコンキーボードを使った手順です。鍵盤に見立てたパソコンキーボードをタイプして入力します。ちょっとクセはありますが、慣れればクリックよりも断然早く、スイスイと入力できます。

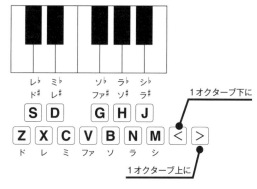

(手 順)

1 パソコンの入力モードを「半角英数入力モード」にしておきます。
2 ツールバーの[選択カーソル]をクリックして選択します。
3 音符を入力したい位置をクリックします。
4 クリックした位置にグレーの縦線、キャレットが表示されます。
5 [お気に入り]パレットで、入力したい音符をクリックして選択します。

> ヒント♪ 休符を入力したい場合も、入力したい休符と同じ長さの音符を選択しておきます。

> ヒント♪ [記号パレット]の[音符]で選択しても OK です。

6 パレットで音符を選択するとキャレットに現在選択されているオクターブ範囲を表す赤

section 9　Question & Answer

いバーが表示されます。

>または<キーを押して、入力したいオクターブ範囲を選択します。

> **ヒント！** >キーで1オクターブ上を、<キーで1オクターブ下を選択できます。

7 入力したい音符の高さに応じて、パソコンキーボードのキーを押します。
休符の場合は、スペースキーを押します。

8 音が鳴ると同時に音符が入力され、キャレットが次の入力位置に移動します。

> **ヒント！** 黒鍵に対応するキーを押すと、設定されている調に適した臨時記号の付いた音符が入力されます。

> **ヒント！** 複数のキーを同時に押さえると、和音が入力できます。

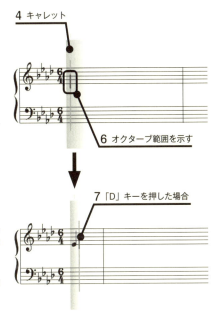

4 キャレット

6 オクターブ範囲を示す

7「D」キーを押した場合

あとは、手順6〜8を繰り返して入力していくだけです。
　音符の入力中は、カーソルをパレットの上に置いたままにしておくと、矢印キーで、入力したい音符が選択できるようになります。

> **ヒント！** パレット名が表示された緑色の部分ではなく、記号が並んでいる白い部分にカーソルを置いておきます。

異名同音に変更する

　この手順では、高さは同じでも、異なる臨時記号の付いた異名同音で入力されてしまうことがよくあります。異名同音の書き換えも、パソコンキーボードで簡単にできます。

（手順）

1 カーソルを楽譜の上に移動し、矢印キーでキャレットを修正したい音符に合わせます。

> **ヒント！** キャレットを矢印キーで移動する際は、必ず、カーソルを楽譜の上、白い余白部分や楽譜の背景部分に置いておきます。

> **ヒント！** 和音など、同じ拍位置に複数の音符が入力されている場合は、↑または↓キーで選択します。

2 修正したい音符が緑色に選択されます。

> **ヒント！** 緑色になっていない場合は、再度矢印キーでキャレットを移動して合わせなおします。

3 [Ctrl]+[W]キーを押します。

4 キーを押すごとに、異名同音に置き換わります。

> **ヒント！** 緑色になっていない場合は、再度矢印キーでキャレットを移動して合わせなおします。

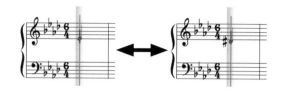

　手順3で[Ctrl]+[W]キーの代わりに、[Ctrl]+[Q]キーを押すと音符を休符に、または休符を音符に変換できます。また、8分音符などのように旗の付いた音符が続いている場合は、[Ctrl]+[M]キーで直前の音符と連桁でつないだり、連桁を切り離したりすることができます。[Shift]+[+]（または[-]）キーを押すと、選択している音符をオクターブ上（または下）に移動できます。

　この他にも、[Ctrl]+[↑]（または[↓]）キーで臨時記号を、[Ctrl]+[→]（または[←]）キーでは音符の種類を変更することができます。

ぷらす1ポイント

　オリジナルの楽譜を作りたいのだけど、クリックするのはタイヘンだし、パソコンキーボードもちょっと苦手……。そういう方は、こんなアプリはどうでしょうか。

　スコアメーカーと同じ、カワイから発売されているiPhoneやiPad用のアプリ「タッチノーテーション」では、画面に表示される五線上を指やタッチペンでなぞるだけで、即座に美しい音楽フォントを使った音符に変換してくれます。これなら手書き感覚で、手軽に楽譜を入力することができますね。

　しかも、作成したファイルは、そのままスコアメーカーで読み込んで、スコアメーカーで作成したファイルと同様に、再生したり編集したりできるのです！　楽譜入力の1アイテムとして、活用してみてはいかがでしょうか。

section 9 Question & Answer

Q7 Pro Std Lite MIDIキーボードを使って音符を入力したい

MIDIキーボードで音符を入力することができます。

入力をはじめる前に、MIDIキーボードを正しく接続し、必要なドライバなどがあればインストールしておきましょう。

ヒント 詳細は、お使いのMIDIキーボードのマニュアルなどを参照してください。

■入力デバイスとして選択する

次に、接続したMIDIキーボードをスコアメーカーの入力デバイス、つまり入力装置として設定します。これは、[ツール]メニューの[オプション]を選択すると開く[オプション]画面で設定します。

左のリストから[録音]を選択すると、[MIDI入力デバイス]欄が表示されます。ここで、接続したMIDIキーボードを選択します。

MIDIキーボードを弾いてみましょう。正しく接続されていれば、鍵盤を弾くたびに画面右の□が青く光ります。

注意 光らない場合は、もう一度MIDIキーボードの電源やパソコンとの接続、ドライバのインストールなどを確認してください。

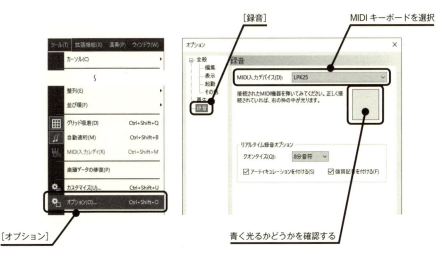

■基本手順　その1

　MIDIキーボードを使った入力手順には、大きく分けて2とおりの方法があります。

　1つ目は、前項で説明した「パソコンキーボードで入力する」手順で、パソコンキーボードの代わりに接続したMIDIキーボードを使う方法です。

[MIDI入力レディ]

　ポイントは1つ。[ツール] メニューから [MIDI入力レディ] をオン（左のアイコンが点灯した状態）にしておくこと。

　あとは前項で説明した手順どおり、[選択カーソル] で入力位置を指定し、パレットから音符を選択したら、パソコンキーボードの代わりに接続したMIDIキーボードを押さえて高さを指定するだけ。

　黒鍵を押すと、設定されている調号に応じて、臨時記号の付いた音符が入力されます。また、複数の鍵盤を同時に押すと、和音が入力できます。

> **ヒント！** 休符の場合は、パレットから音符を選択したあと、パソコンキーボードのスペースキーを押します。

■基本手順　その2

　もう1つの方法は「リアルタイム録音」と呼ばれる方法で、MIDIキーボードで演奏した音をそのまま楽譜にする方法です。いくつか準備しておくことがあります。

準備①　[オプション] 画面での設定

　[ツール] メニューから [オプション] を選択し、[オプション] 画面を開きます。

　左のリストから [再生] を選択し、[メトロノーム] の [前打ち] 欄右の□に小節数を入力し、録音をはじめる前にテンポのガイドとして鳴らすメトロノーム音の長さを指定します。通常は2小節程度でよいでしょう。

[再生]

[前打ち]を設定する

次に左のリストから［録音］を選択します。

［クオンタイズ］欄右の［▼］をクリックすると表示されるリストから、これから入力する楽譜の中で使われている最も短い音符を選択します。

> **ヒント！** これにより、演奏が多少ずれても、ここで設定した音符より短い音符は入力されなくなります。

また、［アーティキュレーションを付ける］、［強弱記号を付ける］をクリックしてチェックを外しておきましょう。

> **ヒント！** 演奏からアーティキュレーションや強弱記号を検出して入力するためのオプションですが、通常はチェックを外してオフにしておいたほうがよいでしょう。

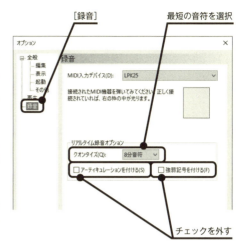
［録音］　　最短の音符を選択
チェックを外す

これで［オプション］画面での設定は終わりです。［OK］をクリックして画面を閉じておきましょう。

準備② メトロノームをオンにする

次に［演奏］メニューから［メトロノーム］を選択してオン（メニュー左のアイコンが点灯した状態）にします。これで、演奏の目安となるメトロノームが鳴ります。

> **ヒント！** ［演奏パネル］の［メトロノーム発音］ボタンや、［演奏ツールバー］の［メトロノームのオンオフ］ボタンでも同様に操作できます。

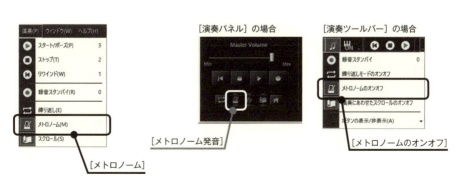
［メトロノーム］　［メトロノーム発音］　［メトロノームのオンオフ］

準備③　録音テンポを決める

[演奏パネル]で録音する際のテンポを決めます。ここでいうテンポは、入力した楽譜を演奏するテンポではありません。楽譜を再生してメトロノーム音を聞きながら、[演奏パネル]の[テンポ]スライダーを左右にドラッグして、演奏しやすいテンポに設定しましょう。

ただし、まっさらな楽譜の場合、そのままでは演奏することができません。まっさらな楽譜の場合は、[●（録音スタンバイ）]ボタンを押したあと[▶（演奏開始）]ボタンをクリックすると、メトロノーム音が鳴りはじめます。[テンポ]スライダーでテンポを設定したら、[■（演奏停止）]ボタンをクリックします。

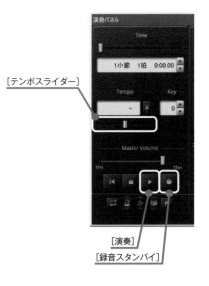

[テンポスライダー]

[演奏]
[録音スタンバイ]

このとき、キャレットが進んだ分だけ、余分な休符が入力されてしまいます。[編集]メニューから[アンドゥ]を選択すると、これらの休符が一括で削除できます。

実際の録音手順

これで準備は完了です。[選択カーソル]でクリックしてキャレットを録音開始位置に移動し、[●（録音スタンバイ）]ボタンを押したあと、[▶（演奏開始）]ボタンをクリックします。メトロノーム音が鳴りはじめるので、設定した長さ分の前打ちを聞いてから、演奏をはじめます。

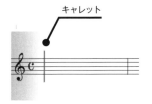

キャレット

注意　一度に入力できるのは1パートだけです。

ヒント　演奏より少し遅れて音符が入力されていきます。

ヒント　大譜表では、いわゆる「中央のド」より低い音は、低音部譜表に入力されます。

演奏が終わったら[■（演奏停止）]ボタンをクリックします。
演奏のコツは、次の2点です。

● リズムを守り、正確に鍵盤を押さえる
● 小間切れに録音する

ヒント　録音をはじめる前に小節を選択して範囲を指定しておくと、選択した小節の録音が終わると自動で停止します。

section 9 Question & Answer

Q8 ドラム譜を作りたい
Pro Std Lite

　ドラム譜の入力では、「ドラム譜用のパートを準備する」、これが一番のポイントになります。

　［新規作成ウィザード］なら、ドラムセットを含むテンプレートを選択するか、2ページ目の［パートの設定］画面で［ドラム］タブをクリックして［標準ドラム譜］を追加します。

　あとから追加したい場合は、［譜表の設定］画面で［ドラム譜］を選択します。

> **ヒント！** パートの追加や譜表の種類の設定については、section 6「タブ譜パートを追加する」（165 ページ）を参照してください。

［標準ドラム譜］

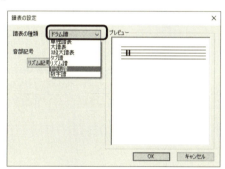

■入力の手順

　ドラム譜の入力は、通常の音符を入力する手順と同じです。

　パレットで音符を選択して五線の上に移動すると、五線の位置によって、いろいろな符頭の音符が表示されます。入力したい音符が

表示された位置でクリックすれば、標準的なドラム譜のスタイル（符頭の形、棒の向き）で入力され、さらにそれぞれの音符に割り当てられた、標準的な楽器の音が鳴ります。

> **ヒント！** ［プロパティ］ウィンドウの［符尾の向き］で向きを選択しておくと、入力する音符の棒の向きを上または下に固定しておくことができます。

■ ドラム譜の詳細

ドラム譜に表示する音符やそれに対応する音色は、［楽譜の設定］画面の［ドラム譜］で設定されています。ここで、音符の位置や符頭の形、また割り当てる音色などを確認したり、または自由にカスタマイズすることができます。

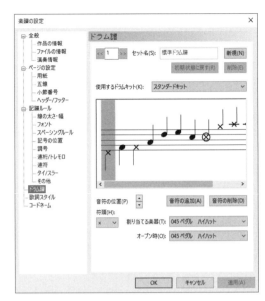

Q9 パートを並び替えたい

Pro Std Lite

ドラッグするだけで、簡単にパートを並び替えることができます。

(手順)

1 ツールバーの［選択カーソル］をクリックして選択します。
2 並び替えたいパートの五線左側の余白部分をダブルクリックします。
3 パート全体の五線が選択され、オレンジ色になります。

> ヒント！ ここで［パート］メニューの［パートの削除］を選択すると、選択したパートを削除できます。

4 Ctrl キーを押しながら、選択したパートをドラッグすると青い破線が表示されるので、この破線を移動先までドラッグします。
5 選択した五線が移動し、前後の五線の位置が再調整されます。

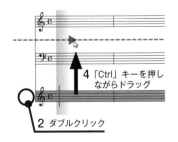

section 9　Question & Answer

Q10 Pro 音符などに使う記譜フォントを変更したい

Proでは、音符などに使用する記譜フォントを［楽譜の設定］画面で変更できます。

手順

1 ［ファイル］メニューから［楽譜の設定］を選択します。
または、ツールバーの［楽譜の設定］ボタンをクリックします。
2 ［楽譜の設定］画面が開きます。
3 左のリストの［記譜ルール］から［フォント］をクリックして選択します。
4 ［記譜フォント］欄をクリックすると表示されるリストから、フォントを選択します。

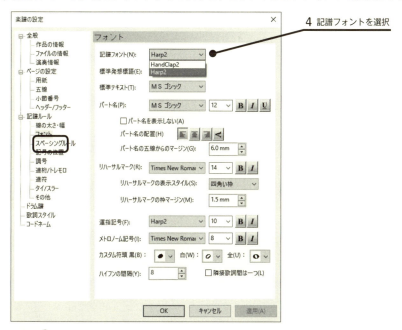

4 記譜フォントを選択

> **ヒント！** ［Harp2］がスコアメーカーの標準記譜フォント、［HandClap2］は、手書き風の記譜フォントです。

> **ヒント！** お使いのパソコンにインストールされていれば、ここで他社製の記譜フォントを選択することもできます。

5 ［OK］をクリックします。

Q11 パート名を編集したい `Pro` `Std` `Lite`

五線左に表示されるパート名の編集は、[プロパティ]ウィンドウでおこないます。

手順

1. ツールバーの[選択カーソル]をクリックして選択します。
2. パート名を編集したいパートの五線左側の余白部分をダブルクリックします。
3. パート全体の五線が選択され、オレンジ色になります。
4. [プロパティ]ウィンドウの[パート名]をクリックし、□に1段目の五線に表示したいパート名を入力します。

4 パート名を入力

> **ヒント** [Shift]+[Enter]キーを押すと、途中で改行することができます。

> **ヒント** ここで入力されている文字を削除すると、1段目のパート名を削除することができます。

5. [Enter]キーを押すと確定され、1段目の五線左に、入力したパート名が表示されます。

> **ヒント** 入力したパート名に合わせて五線の左位置が調整されます。

6. 必要であれば[パート名(短縮)]をクリックし、□に2段目以降の五線に表示したいパート名を入力します。

> **ヒント** 2段目以降には、短縮したパート名を表示することが多いので「短縮」となっていますが、必ずしも短縮形である必要はありません。

> **ヒント** ここで入力されている文字を削除すると、2段目以降のパート名を削除することができます。

7. [Enter]キーを押すと確定され、2段目以降の五線左に、入力したパート名が表示されます。

> **ヒント** 入力したパート名に合わせて2段目以降の五線の左位置が調整されます。

section 9 Question & Answer

Q12 パート名を縦に表示したい [Pro]

　Proでは、ポップスなどの楽譜でよく見られるように、五線左のパート名を90度回転し、縦に表示することもできます。

注意 Std、Liteでは、パート名を縦に表示することはできません。

手順

1 [ファイル]メニューから[楽譜の設定]を選択します。
　または、ツールバーの[楽譜の設定]ボタンをクリックします。
2 [楽譜の設定]画面が開きます。
3 左のリストの[記譜ルール]から[フォント]をクリックして選択します。
4 [パート名の配置]欄で、一番右の A をクリックして選択します。
5 [パート名の五線からのマージン]欄で、五線左端からの距離を調整します。

ヒント [適用]をクリックすると、画面を開いたまま変更内容を楽譜に反映させることができるので、目で確認しながら調整できます。

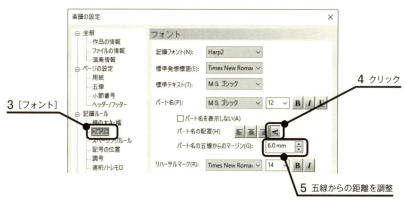

6 [OK]をクリックします。
7 パート名が90度回転して縦に表示されます。

Q13 [Pro] 大譜表で16分音符に合わせて演奏する3連符がうまく入力できない

右譜例のような、16分音符に合わせて演奏する3連符などは、実際に演奏するのも大変ですが、スコアメーカーで拍の位置を合わせて入力するのも、なかなかタイヘンです。

そんなときは「マージ機能」を活用しましょう。

あらかじめ、どちらか一方の音符（ここでは右手パートの音符）を入力してから以下の手順に進んでください。

(手 順)

1. あらたに楽譜を開き、大譜表を用意し、もう一方のパート（ここでは左手パート）の音符を通常の手順で入力します。
2. ［ウィンドウ］メニューから［新しい水平タブグループ］（または［新しい垂直タブグループ］）を選択します。
3. 2つの楽譜が上下（または左右に）並んで表示されます。

［新しい水平タブグループ］を選択した場合

ヒント [ミニパートコントロール]は、編集中の楽譜にのみ表示されます。

4. 選択カーソルで、手順1で入力した小節をダブルクリックして選択します。
小節が、上段下段とも選択されオレンジ色になります。

section 9 Question & Answer

5 [ツール]メニューから[再スペーシング]を選択して再度スペーシングを適用しなおします。

6 小節の選択が解除されるので、再度、手順1で入力した小節を選択したあと、[編集]メニューから[コピー]を選択して左手パートの内容をコピーします。

7 もとの楽譜に戻り、右手パートを入力した小節をダブルクリックして選択します。

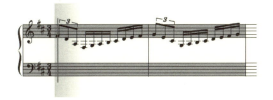

8 左手パートと同様に[再スペーシング]を適用します。

9 選択が解除されるので、もう一度もとの楽譜で右手パートの小節を選択したあと、[編集]メニューから[マージ]を選択します。

注意 Std、Lite には、[マージ]機能はありません。

10 あらかじめ入力しておいた右手パートの音符はそのままに、手順5でコピーしたフレーズがあらたに追加されます。

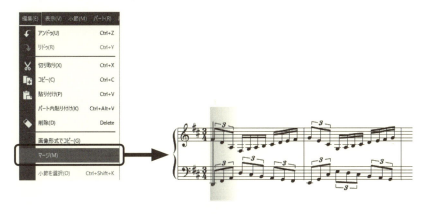

Q14 ピアノ譜の右手パートと左手パートそれぞれに強弱記号を付けたい

`Pro` `Std` `Lite`

初期設定では、大譜表は１つのパートとして認識されるため、強弱記号はすべて、上下２つの五線に影響します。上下２つの五線に独立した強弱記号を入力したり、個別にボリュームを調整したい場合は、大譜表の五線それぞれを個別のパートに分割する必要があります。Pro では、[拡張機能] メニューを使うと、簡単に大譜表を分割できます。

> **ヒント！** Std、Lite には [拡張機能] はありませんが、新規にパートを追加、内容をコピーすることで、同様に分割することができます。

手順

1 [拡張機能] メニューから [大譜表の分割] を選択します。
2 [大譜表の分割] 画面が開きます。
3 分割したい大譜表パートをクリックして選択します。

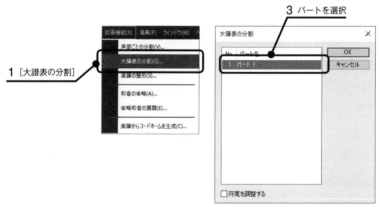

4 [OK] をクリックします。
5 大譜表が分割され、それぞれが独立したパートになります。

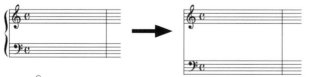

> **ヒント！** 必要に応じて括弧（[ひげ]）などを追加すれば、見た目も大譜表と同じになります。

section 9 Question & Answer

Q15 [Pro] 転調後の調号の直前に打ち消しのナチュラルを表示したい

五線の途中で調号を変更した際に、それまでの調号を打ち消すナチュラルを表示させることができます。

(手順)

1 [ファイル] メニューから [楽譜の設定] を選択します。
  または、ツールバーの [楽譜の設定] ボタンをクリックします。
2 [楽譜の設定] 画面が開きます。
3 左のリストの [記譜ルール] から [調号] をクリックして選択します。
4 [調号の打ち消し] 欄で [全て] または [最小限] を選択します。

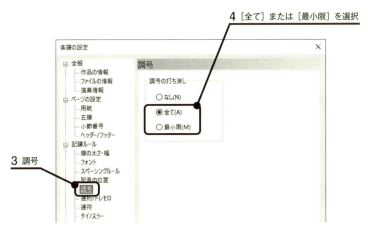

4 [全て] または [最小限] を選択
3 調号

5 [OK] をクリックして画面を閉じると、五線途中に入力した調号の直前に打ち消しのナチュラルが表示されます。

[最小限] を選択した場合

[全て] を選択した場合

ヒント！ [なし] を選択すると打ち消しのナチュラルが消えます。

索引

記号

- 𝄋 110
- 𝄋 110
- 𝄋 110
- 𝄐 98
- 𝄐 98
- ♯ 74
- ♮ 74
- ♭ 74
- 𝄫 74
- ♯ 74
- + 144
- × 170
- ∨ 98
- ， 98
- △ 144
- ○ 170
- ∼（プラルトリラ） 101
- ∼（モルデント） 101
- ∽（ターン） 101
  - 2音間の– 101
- *tr* 112, 114
  - 波線の付かない– 114
- *8va* 111, 115
- *15ma* 115
- 𝄋 107, 254
- 𝄋 107
- ⊕Coda 107
- ＞（アクセント） 97
- ・（スタッカート） 97
- －（テヌート） 97
- 「・」を削除する 176
- *f* 112
- *p* 112
- *sf* 112
- ♩=♩. 105
- æ 127

数字

- 1回目だけ演奏する 220
- 1点記号 90, 111
- 2回目だけ演奏する 220
- 2点記号 90, 111
- 2番以降の歌詞 128
- 3段大譜表 166

アルファベット

A
- accel. 115, 214
- Allegro 112
- Andante 117

- a tempo 214
- aug 144

B
- bis 107
- bmp 34

C
- CDを作る 185
- cresc. 115, 216

D
- D.C. 107
- decresc. 216
- dpi 21, 34
- D.S. 107, 254

E
- é 127
- Ending 148

F
- Finale 190
- Fine 107, 118

H
- HandClap2 275
- Harp2 275

I
- Intro 148

J
- jpg 34

L
- Largo 112
- l'istesso tempo 105

M
- M7 144
- meno mosso 214
- mid 183
- MIDIキーボード 269
- MIDI入力デバイス 269
- MIDIファイル 183
  - –として保存する 182
- [MusicXML] 190
- [MusicXMLエクスポート] 画面 191
- MusicXMLファイル 190
  - –として保存する 190

P
- [PDF] 194
- [PDFエクスポート] 画面 194
- [PDFのページ選択] 画面 40
- PDFファイル 39, 194
- PDFミュージシャン 195

R
- rit. 115, 214

S
- Sibelius 190
- [SMF] 182
- [SMFエクスポート] 画面 182
- srp 26, 37

T
- T , 188, 241, 249, 145, 255
- Tempo I 213
- tif 34
- to ⊕ 107
- TWAIN 20

U
- ü 127

W
- [WAVE] 184
- [WAVEエクスポート] 画面 184
- WIA 20

X
- xml 190
- [X Time Play] 220
- [X Time Play] 画面 220

かな

あ
- アーティキュレーション 90, 97
- アウフタクト 253
- アクセント（＞） 97
- アルペジオ記号 100
  - 五線（または声部）をまたぐ– 100
- [アンドゥ] 262, 272

い
- [移調] 160
- 移調楽器 162
- 1点記号 90, 111
- 異名同音 267
- [印刷] 198
- 印刷楽譜 26, 30
- [印刷] 画面 199
- 印刷範囲 199
- 印刷部数 199
- [印刷] ボタン 198
- イントロ 223

う
- [ウィンドウ配置のリセット] 263
- [ウィンドウ] メニュー
  - [新しい垂直タブグループ] 278
  - [新しい水平タブグループ] 278
  - [ウィンドウ配置のリセット] 263
- 打ち消しのナチュラル 281
- [上書き保存] 32
- 運指記号 109, 178
  - [–の入力方法] 109
- 運指番号 109

え
- [エクスポート] 182, 184, 190, 194
- [エラー小節の表示／非表示] ボタン 58
- [演奏開始] ボタン 29, 202, 272
- 演奏回数を指定する 220

索引

[演奏順序設定パネル] 217
　[コンデンスビュー] 218
　[シーケンスビュー] 219
演奏する 29, 202
　1音だけ− 226
　1回目だけ− 220
　2回目だけ− 220
　強弱記号を無視して− 226
　指定位置から− 224
　−順序 217, 219
　小節範囲を指定して− 225
　−パートを指定する 225
　伴奏を付けて− 222
演奏するキー 224
[演奏ツールバー] 203, 271
[演奏停止] ボタン 203, 272
[演奏パネル] 29, 202, 206, 209, 210, 212, 223, 224, 225, 226, 271, 272
演奏パネル 13
[演奏] メニュー
　[メトロノーム] 271
エンディング 223

お

欧文の特殊文字 127
オーギュメント（aug）144
オーディオファイル 185
　−として保存する 184
[お気に入り] パレット 13, 61, 65, 266
[オプション] 画面 70, 82, 109, 144, 164, 202, 204, 208, 226, 269, 270
音源 204
[音高の自動変換] 82, 164
オンコード 141
音色 204
　パートの− 205
　パートの一部で−を変更する 207
[音色記号] 207
　−を英語で表記する 208
[音色の選択] 画面 205, 206, 207
[音色パラメータ編集] 画面 209
音引き線 126
　−の長さ 134
　−を削除する 132
音部記号 28, 82, 257
　−を五線（または小節）の途中に挿入 83
　−を変更する 83
音符の高さを修正する 71
音符の長さを修正する 72
音符の棒の向きを修正する 73
音符を切り離す 78

音符を削除する 67
音符を挿入する 69
音符をつなぐ 78
音符を入力する 266
　MIDIキーボードで− 269
音量 215
　強弱記号の− 215
　パートごとの− 216
　−変化 216

か

解像度 21, 22, 34, 42, 197
[回転] 24
回転する 24
[ガイドライン] 117
[ガイドラインの表示／非表示] ボタン 117
開放弦（○）170
[拡大] 43
[拡大／縮小] 43, 44, 228
拡張キットシリーズ 78
　編集拡張キット 78
[拡張機能] メニュー
　[声部ごとの分割] 189
　[大譜表の分割] 280
拡張子 26, 34
[楽譜の移調] 画面 160
[楽譜の設定] 画面 80, 84, 86, 103, 137, 144, 151, 152, 153, 156, 171, 188, 211, 222, 230, 236, 241, 247, 249, 250, 252, 260, 275, 277, 281, 145
[楽譜ファイル] フォルダ 32
楽譜を印刷する 198
楽譜を終わりにする 238
[楽譜を新規認識] 38
楽譜をスキャンする 21, 34
楽譜をセットする 19
歌詞 122, 123
　縦書きの− 139
　2番以降の− 128
　−の垂直位置 135
　−の水平位置 136
　−のフォント 137
　−を修正する 129
　−を入力する（欧文の場合）126
　−を入力する（日本語の場合）123
　−をまとめて入力する 125
　−を結ぶ弧線 139
[歌詞一覧] パネル 129
[歌詞入力パネル] 123, 127
歌詞の移動またはコピー] 画面 130
[歌詞の個別設定] 画面 134, 138
歌詞リボン 124, 128
　−を選択 135, 136, 138

歌詞をコピーする
　文字単位で− 131
　リボン単位で− 130
[画像形式でコピー] 196
画像の種類 21, 22, 34
画像の順序を変更する 45
画像の表示サイズ 43
画像ファイルを開く 35
[画像リスト] 23, 36, 37, 41, 43, 44, 45, 46, 48, 49
画像を回転する 24
画像を削除する 46
画像を修正する 42
画像を並び替える 45
括弧
　繰り返し− 108, 118, 218
　五線を結ぶ− 244
　[外−] 245
　臨時記号に−を付ける 75
　連符の− 77
　−を削除する 244
　−を追加する 244
　−を閉じる 108
　−を二重に付ける 245

き

キー 224
[記号注釈] 158
[記号の表示設定] 画面 119
[記号の表示・非表示] 119
[記号] パレット 61, 64
[記号パレット] 266
記号を表示するパート 118
　−を変更する 119
ギター用のタブ譜 165
[起動パネル] 10
記譜フォント 275
　他社製の− 275
キャレット 149, 170, 177, 181, 254, 258, 266
休符の垂直位置を修正する 71
休符の長さを修正する 72
休符を削除する 67
休符を挿入する 69
強弱記号 111, 113, 280
　−を無視 226
[切り抜き] 44
[切り抜き] ボタン 44
切り抜く 44
切り離す
　音符を− 78
　小節線を− 246

く

[空白小節の挿入] 257
クオンタイズ 271

283

繰り返し終り 106
繰り返し括弧 108, 118, 218
　　―の垂直位置 108
　　―を閉じる 108
繰り返し前後 106
繰り返し始め 106
繰り返しをまたぐスラー 96
繰り返しをまたぐタイ 93
グリッサンド記号 114
［グリッド吸着］91, 154
グレースケール 21, 34
クレッシェンド 90, 97, 216

【け】
［検索］パネル 150

【こ】
後打音 76
コーダ 107
　　独立した― 254
　　―前の余白サイズ 255
コードネーム 122, 140
　　―の垂直位置 145
　　―の入力位置 145
　　―の表記方法 144
　　―を修正する 143
［コードネーム入力パネル］142, 144
五線間の距離
　　楽譜の一部の― 242
　　大譜表パートの― 243
　　―を楽譜全体で調整 240
　　―を個別に調整 242
五線サイズ 186
［五線注釈］158
五線の高さ 21, 34, 186, 232
五線の左位置 256
五線の左端を閉じる 260
五線左の小節線 233, 260
五線を結ぶ括弧 244
［コピー］110, 131, 167, 279
コピーする 110
　　歌詞を― 130
　　画像形式で― 196
　　タブ譜パートに― 167
［コピーする画像の設定］画面 197
ゴミを削除する 43
混合拍子 88

【さ】
サイズ
　　楽譜の表示― 228
　　画像の表示― 28, 43
　　コーダ前の余白― 255
　　小節番号の― 249
　　文字の― 156
　　用紙― 231, 264
　　余白― 229, 232

［再スキャン］45
［再スペーシング］279
［再生デバイス］204
最適な解像度 21, 34, 42
作詞者名 153
削除する
　　音引き線を― 132
　　音符を― 67
　　画像のゴミを― 43
　　画像を― 46
　　括弧を― 244
　　休符を― 67
　　小節単位でまとめて― 68
　　数字を― 175
　　パート名を― 276
　　パートを― 265, 274
　　ハイフンを― 132
　　パレットから― 66
　　付点を― 72, 179
　　臨時記号を― 74
　　「・」を― 176
［作成モード］13
　　―に切り替え 14
［作成モード］ボタン 14
作品情報 152
　　タイトル以外の― 153
　　―を修正する 156
作曲者名 153
　　―の位置 154
3段大譜表 49, 166

【し】
［事前認識結果の修正］画面 27
自動スペーシング 70
［自動声部割り振り］192
自動伴奏 222, 223
［自動判別］30
［自動連桁］78
　　―の単位を変更する 80
［自動連符］77
弱起 253
［ジャンプ］149
［ジャンプパネル］149
終止線 238
［終止線の入力］画面 238
［自由テキスト］139, 157
［縮小］43
順序
　　演奏― 217
　　画像の― 45
［定規］229
［定規の表示／非表示］ボタン 229
［消去］46
［消去］ボタン 46

小節線 28
　　五線左の― 233, 260
　　―の連結 246
　　反復― 106, 218
　　―をマスクする 258
小節番号 247
　　先頭小節の― 248
　　―の位置 249
　　―のサイズ 249
　　―の表示間隔を指定する 247
　　―のフォント 249
　　―を指定して移動する 149
　　―を表示しない 247
　　―を表示するパート 249
　　―を振りなおす 248
［小節］メニュー
　　［空白小節の挿入］257
小節割り 234
小節を選択 110
　　複数の― 110
小節を挿入 257
省略音符 170
省略記号 110
白黒 21, 34
［新規作成］11
［新規作成ウィザード］264, 273
［新規作成ウィザード］ボタン 264
［新規認識］38

【す】
水平に整列する 99
スウィング 226
数字と休符の置換 177
数字の削除 175
数字の修正 176
数字の挿入 180
数字の長さ 179
数字譜 166, 172
　　―に変換する 172
［数字譜詳細設定］画面 174
［数字譜入力パネル］177, 180
スキャナ 10
　　―を接続する 10
　　―を選択する 14
［スキャナ選択］14
スキャナソフトを起動する 19, 45
［スキャナドライバタイプの選択］画面 20
［スキャン］19
スキャンしなおす 45
スキャンする 19, 21, 34
［スキャン］ボタン 19
［図形画像］パレット 61
スコアプレーヤー 185
スタッカート（・）97

284

[スタンプ] 158
ステータスバー 12, 13, 58
スフォルツァンド（sf） 112
スペーシング 70
　[再－] 279
　自動－ 70
スマートグリッド 91
スラー 90, 94
　繰り返し括弧をまたぐ－ 93, 96
　－の形 95
　－の垂直位置 95
　－の向き 94
　－の向きを反転する 95
スラッシュ 144

せ
声部 192
　－の色 193
　－を分割する 189
　－を割り振る（自動で） 192
　－を割り振る（手動で） 193
[声部ごとの分割] 189
[整列] 99, 155
整列する
　水平に－ 99
　ペダル記号を－ 99
　文字を－ 154
セーニョ（%） 107, 254
[全体を選択] 119, 186, 192
[全体を表示] 44
　楽譜作成モードで 228
前打音 76
[選択カーソル] 67, 68
[前段落へ繰り上げ] 235
先頭から演奏する 203

そ
装飾音符 74, 76
装飾記号 90, 101, 102
　－の垂直位置 102
　臨時記号付きの－ 101
[奏法記号] 98
[ソースの選択] 画面 14
速度標語 111, 117, 118, 210, 213
　－の文字を修正する 117
　－を移動 117
[外括弧] 245
ソングポインタ 57, 202

た
ターン（~） 101
　2音間の－ 101
タイ 93
　繰り返しをまたぐ－ 93
　－の向き 93
ダイアグラム 146
　－を変更する 147

[ダイアグラムの設定] 画面 147
[対象] 30
大正琴 172
タイトル 20, 122, 152, 265
　－の入力位置 154
大譜表 48, 49, 70
　－全体の位置 243
　－の間隔 240, 243
[大譜表の分割] 280
ダ・カーポ（D.C.） 107
他社製の記譜フォント 275
縦書きの歌詞 139
タブ譜 52, 165
　－の数字をずらして表示 171
　－を修正する 168
　－を入力する 169
[タブ譜入力パネル] 169
ダル・セーニョ（D.S.） 107, 254
単独音 49
段末の予告 257
段落 47, 233
段落数 233
[段落設定ウィンドウ] 12, 47, 48, 49, 53
[段落の改行] 234
段落の間隔 240
段落の切れ目 48
[段落の小節数を指定する] 236
段落の設定 47
[段落の分割] 254, 256
[段落のロック] 237, 258
　[全ての－] 237
[段落] メニュー
　[全ての段落のロック]
　　[全ロック] 237
　[段落の改行] 234
　[段落の分割] 254, 256
　[段落のロック] 237, 258
　[分割の解除] 254
　[前段落へ繰り上げ] 235
[段落ロックの確認] 画面 234

ち
[注釈] パレット 61
[注釈パレット] 122, 158
長音 124, 125
長休符 187, 188
　－の長さ 188
　－の太さ 188
調号 28, 82, 257, 265
　五線先頭の－ 84
　－だけを変更 84
　－を五線の途中に挿入 85
[調号の打ち消し] 281
[著作権について] 画面 31, 191

つ
ツールバー 12, 13, 203
[ツール] メニュー
　[MIDI 入力レディ] 270
　[X Time Play] 220
　[移調] 160
　[オプション] 70, 82, 109, 144,
　　　164, 202, 204, 208, 226,
　　　262, 269, 270
　[グリッド吸着] 91, 154
　[再スペーシング] 279
　[自動連桁] 78
　[整列] 99, 155
つなぐ
　一番外側の連桁だけを－ 79
　音符を－ 78
　小節線を－ 246

て
手書き風の楽譜 15, 26, 30
[テキスト] パレット 61, 207
[テキストパレット] 122, 148, 153, 157
デクレッシェンド 90, 97, 216
テヌート（-） 97
テンス 145, 188, 241, 249, 255, 256
テンポ 210
　演奏する－ 210
　[楽譜の設定] 画面による－ 211
　速度標語による－ 210
　メトロノーム記号による－ 211
　録音－ 272
　－を一時的に変更する 212
　－を変化させる 213
　－をもとに戻す 213, 214
[テンポスライダー] 212

と
トゥウェイン 20
[独立拍子] 87
ドラッグ入力 75, 76
ドラッグ入力 83, 85, 101, 140, 169
ドラム譜 52, 273
　－の詳細 274
　－の入力 273
トリル（tr） 112, 114
　波線の付かない－ 114
トレモロ記号 102
　2音間の－ 102
　－の傾き 103
　－の垂直位置 102
　－の表示方法 103

な
[名前を付けて保存] 26, 31, 37

並び替える
　画像を－ 45
　パートを－ 274

に
二胡 172
2点記号 90, 111
2番以降の歌詞 128
認識オプション 54
[認識ガイド]画面 12
[認識ガイドを表示] 13
[認識実行] 25
認識する 12, 25
[認識対象の確認]画面 26, 30
[認識パネル] 25, 45, 54
[認識プロジェクト]フォルダ 26, 37
[認識]メニュー
　[対象] 30
[認識モード] 11, 12
　－に切り替え 14
[認識モードへ] 14
[認識モード]ボタン 14

ね
音色➡音色（おんしょく）を参照

は
パートインジケータ 223
[パート音量スライダー] 216
[パート構成ウィンドウ] 12, 47, 50, 52
パートごとの音量 216
[パート：ダイアグラムの設定]画面 146
[パートテンプレート] 50, 52, 162
[パートテンプレートの適用]画面 50, 52, 162
パートの一部で音色を変更する 207
パートの間隔 240
[パートの削除] 274
[パートの追加]画面 51
[パートの追加／挿入] 165
パートの音色を変更する 205
パートの割り当て 53
パート譜 186
　－を声部ごとに書き出す 189
[パート譜作成オプション]画面 186
[パート譜の作成] 186
パート名 256
　－の編集 276
　パート譜に表示する－ 186
　－を削除する 276
　－を選択（認識モード） 53
　－を縦に表示する 277
　－を入力（認識モード） 51, 52
[パート]メニュー
　[自動声部割り振り] 192

[パートテンプレートの適用] 162
[パートの削除] 274
[パートの追加／挿入] 165
パートを削除する 265, 274
パートを選択する 206
パートを追加する 165, 265
　タブ譜－ 165
　認識モードで－ 51
パートを並び替える 274
ハーモニカ 172
ハイフン 126
　－を削除する 132
[発想標語の設定]画面 116
[発想標語]パレット 61, 111
[発想標語パレット] 213, 214
[貼り付け] 110, 131, 167, 197
バレーコード 146
パレット 61
　[お気に入り]－ 61, 65
　－から削除する 66
　[記号]－ 61, 64
　[図形画像]－ 61
　[注釈]－ 61
　[テキスト]－ 61
　[発想標語]－ 61
[パレットをリセット] 66
[伴奏スタイルの選択]画面 222
伴奏スタイルを変更する 223
反復記号 107, 118, 218
反復小節線 106, 218
　段落の変わり目に－を入力 106

ひ
非圧縮 TIFF 34
ピアノ（p） 112
ひげ 244, 280
ビットマップ 34
拍子記号 28, 82, 86, 257, 265
　五線先頭の－ 86
　－を五線の途中に挿入 86
表示サイズ 28, 43
[表示パネル] 56, 57, 58, 218
[表示パレット] 193, 237, 239
[表示]メニュー
　[ガイドライン] 117
　[拡大／縮小] 228
　[定規] 229
　[選択対象声部] 193
　[段落設定ウィンドウ] 47
　[ツールバー］
　　[演奏ツールバー] 203
　　[認識パネル] 19
　　[パート構成ウィンドウ] 47
　[パレット／パネル］
　　[演奏順序設定パネル] 217

[演奏パネル] 29
[お気に入りパレット] 65
[歌詞一覧パネル] 129
[歌詞入力パネル] 127
[数字譜入力パネル] 177, 180
[タブ譜入力パネル] 169
[表示パネル] 56
[プロパティ] 72
[元画像] 59
[ファイルウィンドウ] 35
[ミニパートコントロール] 205, 225
開く
　既存の画像ファイルを－ 35
　[事前認識結果の修正]画面を－ 27

ふ
[ファイルウィンドウ] 12, 35, 39
[ファイル]メニュー
　[印刷] 198
　[エクスポート] 182, 184, 190, 194
　[楽譜の設定] 80, 84, 86, 103, 137, 144, 153, 171, 188, 211, 222, 230, 236, 241, 247, 249, 250, 252, 260, 275, 277, 145
　[作成モードへ] 14
　[新規作成ウィザード] 264
　[新規認識] 38
　[スキャナ選択] 14
　[スキャナドライバタイプの選択] 20
　[名前を付けて保存] 31
　[認識モードへ] 14
　[パート譜の作成] 186
　[プロジェクトに名前を付けて保存] 37
　[プロジェクトの上書き保存] 38
　[プロジェクトを開く] 38
ファイルを保存する 31
フィーネ（Fine） 107
フィルイン 223
[フォルダの指定]画面 35, 39
フォルテ（f） 112
フォント
　歌詞の－ 137
　記譜－ 275
　小節番号の－ 249
　文字の－ 156
[不完全小節] 253, 259
[吹き出し] 158
複縦線 239
複数の音符（休符）を選択 67
付点を削除する 72, 179
付点を追加 72, 179
符尾 73
　－の向き 71, 73, 161, 273

索引

譜表の種類 172
  認識モード 49, 51
  －を変更する 166
［譜表の設定］画面 166, 172, 273
プラルトリラ（⁓）101
フリー声部 189, 192, 193
［プレーヤーカーソル］224
ブレス記号 98
フレット番号 165
  －を左右にずらす 171
  －を修正する 168
  －を入力 169
プロジェクト 25, 37, 38
プロジェクトとして保存する 25, 37
［プロジェクトに名前を付けて保存］37
［プロジェクトの上書き保存］38
［プロジェクトの上書き保存］ボタン 38
［プロジェクト名の入力］画面 20
プロジェクトを閉じる 38
［プロジェクトを開く］38
［プロパティ］ウィンドウ 13, 72
  音部記号の－ 83
  音符の－ 71, 72, 73, 133, 168, 176, 179, 193
  歌詞の－ 132, 138, 139
  ［記号の表示・非表示］119
  繰り返し括弧の－ 108
  コードネームの－ 147, 223
  ［自動連符］77
  小節線の－ 106, 238, 259
  小節の－ 253, 255, 256, 259
  スウィングの－ 226
  ［声部］79
  ［ダイアグラム設定］146, 147
  ［独立拍子］87
  音色記号の－ 207, 208
  パートの－ 119, 146, 164, 166, 167, 172, 206, 209, 244, 245, 246, 276
  発想標語の－ 116, 117, 210, 214, 215
  拍子記号の－ 87, 88
  メトロノーム記号の－ 104
  文字の－ 156
  リステッソ・テンポの－ 105
  臨時記号の－ 75
［分割の解除］254

へ

ページ番号 250
  －を左右対称に配置する 252
［ベースの指定］画面 142
ペダル記号 98
  センツァ（✽）98
  ペダル（✱）98

［ヘルプ］メニュー
  ［認識ガイドを表示］13
ベロシティ 215, 216
編集拡張キット 78
［編集］メニュー
  ［アンドゥ］272
  ［回転］24
  ［画像形式でコピー］196
  ［切り抜き］44
  ［コピー］131
  ［コピー］110, 167, 279
  ［消去］46
  ［全体を選択］119, 186, 192
  ［貼り付け］110, 131, 167
  ［マージ］279
  ［リドゥ］262

ほ

保存する 31
  MIDIファイルとして－ 182
  MusicXMLファイルとして－ 190
  上書き－ 32, 38
  オーディオファイルとして－ 184
  名前を付けて－ 26, 31, 37
  プロジェクトとして－ 25, 37
［保存］ボタン 32

ま

［マージ］279
前打ち 270
［巻き戻し］ボタン 203
マスク 60, 133, 223, 259
［マスク記号の表示／非表示］ボタン 60, 239

み

MIDIファイル 183
［ミニパートコントロール］205, 209, 225, 278
見開き 252
［見開き印刷］200
ミュート（×）170

む

向き
  音符の棒の－ 73
  スラーの－ 94
  タイの－ 93
  符尾の－ 71, 73, 273
  用紙の－ 199, 264

め

メジャーセブン（M7）144
メトロノーム 270
メトロノーム記号 104, 118, 211, 213
［メトロノームのオンオフ］271
［メトロノーム発音］271

も

文字
  －のサイズ 156
  －のフォント 156
  －を修正する 117
  －を整列する 154
  －を入力する 152, 153
［元画像］202
［元画像パネル］59
モノクロ 21, 34
モルデント（⁓）101

よ

用紙サイズ 199, 231, 264
用紙の向き 199, 231, 264
余白サイズ 229, 232
  コーダ前の－ 255
  先頭ページ上の－ 229
読み込む楽譜 15
読み込める画像の種類 34

り

リアルタイム録音 270
リステッソ・テンポ 105
［リドゥ］262
リハーサルマーク 148, 218
  －の位置 150
［リピート演奏］ボタン 225
臨時記号 74, 268, 270
  －付きの装飾記号 101
  －に括弧を付ける 75
  －を削除する 74
  －を挿入する 74
  －を変更する 75

れ

連桁 76, 78, 268
  歌詞による－ 78
連符 77
  －を通常の音符に戻す 77

ろ

［録音スタンバイ］ボタン 272
録音手順 272
録音テンポ 272

わ

和音 69, 171, 172, 173, 270

┌───┐
│ スコアメーカーについてのお問い合わせ先
│
│ 株式会社河合楽器製作所
│ 電子楽器事業部　コンピューターミュージック室
│ 　代　表：053-457-1350
│
│ ※ 操作に関するお問い合わせ方法については、製品に付属の『基
│ 　 本操作ガイド』の112ページをご覧ください。
└───┘

スコアメーカー10 公式活用ガイド
——スキャナも活用して多様な楽譜を簡単に

発行日　2015年12月11日　第1刷発行
編　者　スタイルノート楽譜制作部
発行人　池田茂樹
発行所　株式会社スタイルノート
　　　　〒185-0021
　　　　東京都国分寺市南町2-17-9 ARTビル5F
　　　　電話 042-329-9288（スコアメーカーに関するお問い合わせは、上記をご確認ください）
　　　　E-Mail books@stylenote.co.jp
　　　　URL http://www.stylenote.co.jp/

協　力　株式会社河合楽器製作所

装　丁　又吉るみ子
印　刷　シナノ印刷株式会社
製　本　シナノ印刷株式会社

© 2015 Stylenote Inc.　Printed in Japan
ISBN978-4-7998-0145-1 C1004

定価はカバーに記載しています。
乱丁・落丁の場合はお取り替えいたします。当社までご連絡ください。
本書の内容に関する電話でのお問い合わせには一切お答えできません。メールあるいは郵便でお問い合わせください。
なお、返信等を致しかねる場合もございますのであらかじめご承知置きください。
本書は著作権上の保護を受けており、特に法律で定められた例外を除くあらゆる場合においての複写複製等二次使用
は禁じられています。